INTRODUCTION SIMPLIFIÉE

À TOUTES LES

GRAMMAIRES FRANÇAISES

OU

LEÇONS PRÉPARATOIRES DE LANGUE MATERNELLE

A l'usage des Écoles primaires des deux sexes,

PAR

HENRI BAHIC, ancien Professeur,

Auteur de la Méthode mnémonique accélératrice pour l'enseignement simultané de la lecture et de l'écriture.

MANUEL DES ÉLÈVES.

> L'enseignement de la langue nationale est la tâche la plus importante des instituteurs. — Ils ne doivent pas perdre de vue que plus ils s'y appliquent, plus ils rendent de services au pays, plus ils acquièrent de titres à la reconnaissance des familles.

A RENNES, chez OBERTHUR, Imprimeur-Éditeur
DES OUVRAGES CLASSIQUES DE H. BAHIC,
Et à PARIS, chez GEDALGE jeune, principal et unique dépositaire,
rue Malher, 9.
1862.

INTRODUCTION SIMPLIFIÉE

A TOUTES LES

GRAMMAIRES FRANÇAISES

OU

LEÇONS PRÉPARATOIRES DE LANGUE MATERNELLE

A l'usage des Écoles primaires des deux sexes,

PAR

HENRI BAHIC, ancien Professeur,

Auteur de la Méthode mnémonique accélératrice pour l'enseignement simultané de la lecture et de l'écriture.

MANUEL DES ÉLÈVES.

L'enseignement de la langue nationale est la tâche la plus importante des instituteurs. — Ils ne doivent pas perdre de vue que plus ils s'y appliquent, plus ils rendent de services au pays, plus ils acquièrent de titres à la reconnaissance des familles.

A RENNES, chez OBERTHUR, Imprimeur-Éditeur
DES OUVRAGES CLASSIQUES DE H. BAHIC,
Et à PARIS, chez GEDALGE jeune, principal et unique dépositaire, rue Charlot, 13 (et en 1862, rue Malher, 9).

1861.

1862

PRÉFACE DE L'ÉDITEUR.

L'auteur de cet ouvrage s'est proposé en le composant de venir en aide aux jeunes maîtres qu'une longue pratique n'a pas suffisamment familiarisés avec l'enseignement de la langue française. Ce livre n'est donc pas, à proprement parler, une grammaire élémentaire, un recueil de définitions et de règles justifiées par des exemples ; c'est plutôt une **Méthode** dans l'acception la plus exacte de ce mot, c'est-à-dire une marche à suivre pour initier les jeunes élèves aux principes de la langue nationale. M. Bahic ne s'est point dissimulé les difficultés immenses de sa tâche, mais il les a sérieusement étudiées et s'est sincèrement efforcé de les surmonter.

Tout en reconnaissant les services importants que quelques publications antérieures ont rendus à l'enfance, il a tenté de se frayer une voie nouvelle, plus simple, plus expéditive, convaincu qu'il restait encore beaucoup à faire, même après les travaux si remarquables à tant de titres de Lhomond, de l'abbé Gautier, de l'abbé Girard, de Chapsal, etc., dont la réputation est aujourd'hui un fait accompli (1). — Les félicitations que lui a values le plan tout nouveau qu'il s'est tracé lui permettent d'espérer qu'on ne l'accusera pas d'une présomption exagérée en présentant son livre aux instituteurs comme un **Guide** *qui doit assurer infailliblement le succès de leur enseignement.*

Au reste, voici le programme qu'il s'est appliqué à réaliser et d'après lequel on pourra juger quel excellent parti les bons instituteurs pourront tirer de cet opuscule :

1° Résumer dans un petit nombre de leçons toutes les définitions, toutes les règles, tous les faits grammaticaux essentiels ;

2° Expliquer, commenter chaque définition, chaque règle, chaque fait grammatical, *de telle façon qu'il ne reste rien d'obscur ni pour le maître ni pour les élèves ;*

3° Coordonner la marche de l'enseignement dans un système d'exercices tels que les élèves ne passent jamais d'une leçon à une autre sans connaître parfaitement la première.

Malgré toutes les exigences de ce programme, on reconnaîtra sans peine que M. Bahic s'est montré au-dessus de sa tâche. Il semble en quelque sorte s'être joué des difficultés les plus ardues de l'enseignement par la combinaison et la gradation extrêmement habiles de ses exercices. On ne dira donc plus, à l'ave-

(1) La grammaire de Lhomond est le meilleur résumé qui puisse être mis entre les mains des enfants, toutes les fois qu'ils se trouvent sous la direction d'un maître instruit et habile. Mais si l'instituteur manque de connaissances et d'aptitude, l'abrégé sec et abstrait du vénérable professeur devient insuffisant. La *grammaire* de Lhomond convient donc particulièrement aux colléges. Il fallait un *Guide* pour les écoles primaires, où le maître est fréquemment obligé de se faire aider par des *moniteurs*.

nir, que nous n'avons pas de grammaire élémentaire, car cette *Introduction simplifiée* facilite tellement l'enseignement de la langue française que les *moniteurs* pourront, sans que les progrès en souffrent aucunement, suppléer le maître auprès de leurs jeunes condisciples, toutes les fois que les circonstances l'exigeront.

Nous comptons donc que les instituteurs feront à ce nouveau travail de M. Bahic le même accueil qu'à sa Méthode de Lecture, dont la vogue augmente si rapidement qu'il est probable qu'avant peu la majeure partie des écoles de l'Empire en seront dotées (1).

Puisse aussi l'approbation du Conseil supérieur de l'Université et la recommandation de S. Exc. le Ministre de l'Instruction publique nous être accordées comme un encouragement pour les efforts que nous faisons dans le but de répandre quelques publications éminemment propres à la propagation de l'instruction primaire dans les campagnes.

ANALYSE DE CET OUVRAGE.

Son but. L'éditeur de cet opuscule en a excellemment indiqué le but en disant que je ne me suis point proposé de composer une grammaire à proprement parler, mais plutôt une *méthode*, c'est-à-dire une marche à suivre pour l'enseignement de la langue française dans les écoles primaires. Je me suis efforcé de donner à mon travail des conditions de *praticabilité* telles que les personnes les moins lettrées fussent à même de l'enseigner. En d'autres termes, j'ai voulu faire, à

(1) Cette méthode, dite *Méthode mnémonique accélératrice*, est, on peut le dire, un ouvrage admirable par son extrême simplicité. M. Bahic a, en effet, trouvé le moyen d'enseigner à lire des mots aux enfants *sans les faire passer par l'étude préalable de l'alphabet et du syllabaire*. De plus, les *anomalies* y sont présentées dans une suite de phrases mnémoniques dont la lecture ne présente pour ainsi dire aucune difficulté.

l'usage des jeunes instituteurs et des pères de famille, un *Guide méthodique* qu'ils pussent suivre sans s'en écarter jamais, avec la certitude de réaliser tous les progrès possibles.

Il arrive très-souvent dans les écoles primaires que l'instituteur, en raison du nombre de ses élèves, est obligé de confier l'instruction des plus jeunes à leurs condisciples plus instruits, appelés *moniteurs.* Il en résulte une foule d'inconvénients que cette méthode fera disparaître.

Plan de l'ouvrage. J'ai divisé mon livre en deux parties : l'une à l'usage des élèves, l'autre destinée aux maîtres et moniteurs. C'est surtout sur celle-ci que je voudrais appeler l'attention des instituteurs. Elle résume dans une vingtaine de leçons tous les principes de la *lexiologie* (1), et donne pour l'enseignement toutes les indications nécessaires aux maîtres et aux moniteurs.

Division des leçons. — Chaque leçon, à son tour, comprend deux subdivisions. En tête de chacune d'elles, sous la forme d'une sorte de *Catéchisme grammatical*, je présente les notions et définitions indispensables; ensuite, dans une série d'exercices très-variés, je donne les *Applications* qui m'ont semblé les plus propres à faire comprendre ces principes et ces définitions.

Marche a suivre. — La partie vraiment neuve de ce travail, ce sont les instructions placées en tête de chaque exercice. Ces instructions, quoique succinctes, sont toujours suffisantes. Il importe donc que les instituteurs exigent des moniteurs qu'ils s'y conforment entièrement.

Avantages de cette méthode. — Les avantages de cette méthode sont nombreux : elle contribuera considérablement, je l'espère, à la propagation de la langue française dans les pays où les patois et les jargons les plus bizarres sont encore en usage. En effet, les personnes les plus étrangères à l'art d'enseigner pourront s'en servir avec la certitude de réaliser, en très-peu de temps, tous les progrès désirables.

Malgré les soins que j'ai apportés à la composition de ce petit ouvrage, il est encore bien imparfait, sans doute : quantité de détails me seront échappés, je le crains; mais si l'on considère les difficultés de la tâche que j'ai entreprise, on me jugera avec la bienveillance que j'invoque pour la bonne volonté que j'ai eue d'être utile dans la mesure de mes moyens. J'y compte d'autant plus que ce livre, vu son caractère essentiellement méthodique, ne peut manquer de rendre à l'enfance les plus signalés services.

Paris, le 5 juillet 1861.

H. BAHIC.

(1) Le mot *lexicologie* est un barbarisme; il faut dire *lexiologie*, de même que l'on dit *physiologie* et non *physicologie* (H. Chavée, *Lexiologie indo-européenne*).

INTRODUCTION SIMPLIFIÉE

A TOUTES LES

GRAMMAIRES FRANÇAISES

OU

Leçons préparatoires de Langue maternelle.

PROLÉGOMÈNES.

Pour la marche à suivre, voir le *Guide des Moniteurs* (1).

Fable de La Fontaine.

DISCOURS DU LABOUREUR MOURANT A SES ENFANTS.

Travaillez, prenez de la peine ;
C'est le fonds qui manque le moins.
Un riche laboureur, sentant sa mort prochaine,
Fit venir ses enfants, leur parla sans témoins.
« Gardez-vous, leur dit-il, de vendre l'héritage
Que nous ont laissé nos parents :
Un trésor est caché dedans.
Je ne sais pas l'endroit ; mais un peu de courage
Vous le fera trouver ; vous en viendrez à bout :
Remuez votre champ dès qu'on aura fait l'oût ;

(1) Il est indispensable, pour enseigner cette méthode dans les écoles primaires, de mettre le *Guide* entre les mains des moniteurs. De cette façon, le maître pourra s'occuper d'une manière toute spéciale des élèves les plus avancés, et les progrès des commençants se développeront très-rapidement.

Creusez, fouillez, bêchez ; ne laissez nulle place
Où la main ne passe et repasse. »
Le père mort, les fils vous retournent le champ,
Deçà, delà, partout ; si bien qu'au bout de l'an
Il en rapporta davantage.
D'argent point de caché. Mais le père fut sage
De leur montrer, avant sa mort,
Que le travail est un trésor.

1. La fable placée en tête de cette leçon porte ce titre : DISCOURS DU LABOUREUR MOURANT A SES ENFANTS.

2. Le mot *discours* signifie ce qu'on dit ou qu'on écrit pour exprimer ce que l'on pense. Voici celui que tint le laboureur à ses enfants :

« Gardez-vous, leur dit-il, de vendre l'héritage
Que nous ont laissé nos parents :
Un trésor est caché dedans.
Je ne sais pas l'endroit ; mais un peu de courage
Vous le fera trouver ; vous en viendrez à bout :
Remuez votre champ dès qu'on aura fait l'oût ;
Creusez, fouillez, bêchez ; ne laissez nulle place
Où la main ne passe et repasse. »

3. Ce discours se compose de phrases.

4. Il y a dans la fable en question sept phrases.

5. La première phrase est celle-ci :

Travaillez, prenez de la peine ;
C'est le fonds qui manque le moins.

6. Les phrases servent à exprimer une pensée, un jugement, d'une façon complète.

7. Une phrase se compose ordinairement d'une suite de *propositions*.

8. Une proposition est une partie d'une phrase qui exprime une idée, une pensée principale ou accessoire.

9. Dans la première phrase,

Travaillez, prenez de la peine, etc.,

sont des propositions.

10. Toute proposition comprend trois termes, savoir : le sujet, le verbe et l'attribut.

11. Dans cette phrase : *la terre est ronde*, LA TERRE est le sujet ; EST le verbe, et RONDE l'attribut.

12. Le sujet désigne l'objet du jugement, l'attribut

exprime la manière d'être du sujet, et le verbe établit le rapport existant entre le sujet et l'attribut.

13. On appelle le sujet, le verbe et l'attribut les *éléments logiques du discours*. — Ils se composent de *mots*.

14. On entend par *mot* toute *expression simple* qu'on peut employer pour formuler une pensée, un jugement.

NOTA. — Nous ne donnons pas d'exercices sur ces *notions générales*, attendu que les leçons suivantes n'en sont que le développement (1).

PREMIÈRE LEÇON.

DES LETTRES. — CLASSIFICATION.

Pour la marche à suivre, voir le *Guide des Moniteurs*.

1. Pour écrire on emploie des signes appelés *lettres*.

2. Les lettres se divisent en deux classes, savoir : les voyelles et les consonnes.

3. Les voyelles sont : **a**, **e**, **i**, **o**, **u** ; — **an**, **in**, **on**, **un**, **eu**, **ou**.

4. Les voyelles **a**, **e**, **i**, **o**, **u**, sont appelées *voyelles simples*, parce qu'elles s'écrivent par une seule lettre.

5. Les voyelles **an**, **in**, **on**, **un**, **eu**, **ou**, sont appelées *voyelles composées*, parce qu'elles s'écrivent par deux lettres.

6. Les consonnes sont au nombre de vingt, savoir : **b**, **c**, **d**, **f**, **g**, **h**, **j**, **l**, **m**, **n**, **p**, **r**, **s**, **t**, **v**, **x**, **z** ; — **ch**, **gn**, **ill**.

7. Les consonnes *b*, *c*, *d*, *f*, *g*, *h*, *j*, *l*, *m*, *n*, *p*, *r*, *s*, *t*, *v*, *x*, *z*, sont appelées *consonnes simples*, parce qu'elles s'écrivent par une seule lettre.

8. Les consonnes *ch*, *gn*, *ill*, sont appelées *consonnes composées*, parce qu'elles s'écrivent par plusieurs lettres.

(1) On pourra pourtant dire aux élèves de compter le nombre de phrases contenues dans une page quelconque soit du *Manuel complémentaire de la méthode accélératrice*, soit de tout autre ouvrage.

9. Il y a trois sortes d'*e*, savoir : l'*e* muet **e**, l'*e* fermé **é** et l'*e* ouvert **è**.

10. On place sur l'*e* fermé ce petit signe ' appelé accent aigu, et sur l'*e* ouvert cet autre ` appelé accent grave.

11. Le premier *e* du mot sévère est un *e* fermé, le second est un *e* ouvert et le troisième un *e* muet.

12. Il y a deux sortes d'*h*, savoir : l'*h* muette, ainsi appelée parce qu'on ne la prononce pas, et l'*h* aspirée, qui se fait légèrement entendre au commencement d'un certain nombre de mots.

PREMIER EXERCICE.

Indiquer le nombre de lettres qui entrent dans chacun des mots ci-dessous.

Pour la marche à suivre, voir le *Guide des Moniteurs*.

Pommade, lire, vérité, Jérôme, joli, numéro, farine, rapidité, café, correspondance, arithmétique, ordinaire, madame, décoré, carabine, propreté, servitude, modestie, sobriété, candeur, campagne, maison, chapitre, Henri.

DEUXIÈME EXERCICE.

Chanson, coupé, moulin, bâton, melon, défunte, bouton, Simon, alun, acheté, route, coupon, mignon, bouillon, tambour, fondu, foule, montagne, champignon, coupable, Champagne, Napoléon, empire, abondance, éponge, orange, dépendance, conséquence, arrogance, individu, machine, choucroute, banqueroute, chocolat, amidon.

TROISIÈME EXERCICE.

*Les élèves noteront dans cet exercice les différentes sortes d'*e.

Chèvre, sécurité, mère, Adèle, déménage, matière, défile, chimère, amitié, révère, compère, dévide, considère, colère, mystère, misère, préfère, sèche.

QUATRIÈME EXERCICE.

*Les élèves noteront les différentes sortes d'*h.

Un hameau, un homme, une haine, une halte, un héron, des héros, les hordes, un héritage, les hommages, mon hésitation, il hurle, une herbe, la hauteur, un Hébreu, un hectolitre, une heure, il heurte, un hibou, je hante, je fus hier, la honte, la houille.

CINQUIÈME EXERCICE.

(*Devoir par écrit qui sera corrigé par le maître.*)

Les élèves copieront l'historiette ci-dessous, en faisant après chaque mot les indications qui font l'objet des quatre précédents exercices.

LE PETIT DÉNICHEUR PUNI.

Un méchant petit garçon cherchait dans toutes les haies des nids d'oiseaux; il en arrachait les petits et prenait un barbare plaisir à leur crever les yeux. Sa mère le grondait souvent à ce sujet : « Enfant cruel, lui disait-elle, rappelle-toi que si tu ne te corriges, Dieu te punira certainement. » Mais ce méchant garçon riait en lui-même de ces avertissements et se conduisait toujours de plus en plus mal.

Un dimanche, au lieu d'aller à l'église, il se rendit dans la forêt pour y exercer quelques nouvelles cruautés. Il aperçut sur la cime d'un grand chêne un très-gros nid. Aussitôt il grimpa sur l'arbre, arracha un jeune oiseau du nid et le lança violemment à terre. Déjà il se préparait à prendre l'autre, quand tout à coup arrivèrent le père et la mère, qui étaient d'effrayants oiseaux de proie. Ceux-ci s'élancèrent sur lui, et, avec leur bec acéré, ils lui crevèrent les deux yeux.

La cruauté envers les animaux décèle une mauvaise nature et peut avoir les plus fâcheuses conséquences pour ceux qui ne veulent pas s'en corriger.

DEUXIÈME LEÇON.

SUITE DE LA PRÉCÉDENTE.

1. Il y a des voyelles qui s'écrivent de plusieurs manières; ainsi la lettre **i** s'écrit aussi de cette façon **y**, comme dans le mot *lyre*, signifiant un instrument de musique.

2. Les voyelles simples *o*, *é*, *è* s'écrivent aussi de cette façon : **au**, **ai**, **ei**, ou bien : **eau**, **eai**, **es**, et même de plusieurs autres manières (1).

3. Les sons composés *an*, *in*, *on*, *un*, *eu* s'écrivent aussi par **am**, **im**, **om**, **um**, **œu**, etc.

4. Les consonnes *g*, *f*, *c* s'écrivent aussi de cette manière : **gu**, **ph**, **k**, **qu**.

5. Il y a des lettres dont la prononciation varie ; ainsi la lettre *c* se prononce comme un *s* lorsqu'elle est suivie d'un *e* ou d'un *i*. Ex. : *ceci*, *cygne*, *cédé*, etc.

6. La lettre *g* se prononce comme *j* lorsqu'elle est suivie d'un *e* ou d'un *i*. Ex. : *gage*, *magie*, *rougeole*.

7. La lettre *s* se prononce souvent comme *z* lorsqu'elle se trouve entre deux voyelles. Ex. : *rosé*, *usage*, *misère*.

8. La lettre *t*, suivie d'un *i*, se prononce comme *s* dans un grand nombre de mots. Ex. : *position*, *essentiel*, *impartial*, *patience*, *prophétie*.

Nota. — Il y aurait d'autres observations à faire sur la prononciation exceptionnelle de quelques lettres, mais il convient d'abord de ne signaler que les principales.

(1) On fera épeler tous les mots et syllabes imprimés en caractères gras ou en italique.

APPLICATIONS.

PREMIER EXERCICE.

Ecrire les valeurs équivalentes :

1° Des sons suivants : *o*, *é*, *è*, *an*, *in*, *on*, *un*, *eu* ; 2° des consonnes suivantes : *q*, *g*, *ph*, *s*.

DEUXIÈME EXERCICE.

Dire pourquoi la lettre *c* se prononce comme *s* dans les mots suivants.

Morceau, cène, civilité, trace, saucisse, cité, décédé, sauce, cygne, mince, pince, nièce, prince, pièce, pouce, berceau, cire, douce, lance, silence, bombance, abondance, once, scène, ponce, ronce, renoncé, cime, cidre, acier, glace, glacier, puce, Lucie, céleste, ciel.

TROISIÈME EXERCICE.

Dire pourquoi la lettre *g* se prononce comme *j* dans les mots suivants.

Page, rougir, ménage, gouge, bourgeon, liége, piége, rouge, horloger, géant, congé, tapage, angine, Georges, pigeon, geôle, agile, gêne, cage, bocage, giboulées, plongeon, argent, légende, gendre, gageure (1).

QUATRIÈME EXERCICE.

Dire pourquoi la lettre *s* se prononce comme *z* dans les mots suivants.

Rose, magasin, résidu, oiseau, poison, moisi, puisé, cause, pelouse, pose, chose, rusé, casé, indisposé, hélas! chinoise, armoise, croisée, noise, cause, église, Louise, avise, payse.

CINQUIÈME EXERCICE.

Souligner dans les mots suivants la lettre *t* toutes les fois qu'elle se prononce comme *s*.

Proposition, éducation, martial, munition, patience, prophétie, argutie, satiété, égyptien, minutieux, facétie, partiel, essentiel, providentiel, collation, condamnation, partition, assignation, aristocratie, différentiel, substantiel.

TROISIÈME LEÇON.

DES LETTRES NULLES.

NOTIONS THÉORIQUES.

1. Il y a peu de mots dans la langue française où il ne se trouve des lettres qui ne se prononcent pas. Ces lettres sont appelées pour cela *lettres nulles*.

2. Dans le mot cor*ps*, les deux dernières lettres *p*, *s* ne se prononcent pas; la lettre *o* dans le mot La*o*n est également une lettre nulle. C'est pourquoi on prononce Lan et non La-on.

3. On ne prononce pas toujours les voyelles avec la même

(1) Prononcer *gajure*.

rapidité. Voilà pourquoi on les dit tantôt *longues*, tantôt *brèves*.

4. A est long dans *âme* et bref dans *raté*; i est long dans *gîte* et bref dans *petite*; u est long dans *flûte* et bref dans *culbute*; o est long dans *dôme* et bref dans *sot*.

5. On met ordinairement sur les voyelles longues un petit signe qui a la forme d'un v renversé, et qu'on nomme accent circonflexe : *â*, *ô*, *û*, *î*.

6. Quant à la façon de les prononcer, on divise les consonnes en deux classes, savoir : les consonnes douces et les consonnes fortes.

7. Les consonnes douces sont au nombre de six, savoir : *b*, *d*, *v*, *g*, *z*, *j*.

8. Les consonnes fortes sont aussi au nombre de six, savoir : *p*, *t*, *f*, *c*, *s*, *ch*.

9. En nommant alternativement les consonnes douces et les consonnes fortes on obtient la série suivante : *b p*, *d t*, *v f*, *g c*, *z s*, *j*, *ch*.

APPLICATIONS.

PREMIER EXERCICE.

Indiquer les lettres nulles contenues dans les mots suivants.

Champ, cent canards blancs, un doigt de la main, un fardeau lourd, la croix de bois, saint Louis, plomb, un homme sérieux, un glorieux soldat, un paon, le temps, les corps morts, un chat blanc, la voie du salut, une jolie voix, un grand poids, des petits pois, le printemps, vos frères fument, les enfants chantent, les soldats se battaient, le thé est servi, un héritage, votre habitude, une histoire, la communauté, le rapport, une balle, une pression, une affaire nulle, une année commune, un accusé, on a allumé, comment, il arrive, il pardonne, la nourriture, la souffrance, une pomme, la jolie ville, la puissance, il supporte, la boussole, la carrière, une marmotte.

DEUXIÈME EXERCICE.

LA BRANCHE DE SUREAU.

Un chasseur se promenait avec son fils dans la campagne;

un ruisseau profond coulait entre eux. L'enfant voulut le traverser pour rejoindre son père, mais la largeur du ruisseau l'en empêchait. Il coupa aussitôt une grande branche dans un buisson, la posa dans le ruisseau, et, s'appuyant fortement dessus, il se donna un vigoureux élan. Malheureusement, c'était une branche de sureau, et, à l'instant où l'enfant était suspendu au-dessus, elle se rompit; il disparut au fond de l'eau.

Un berger, qui de loin l'avait vu tomber, poussa un cri d'effroi et accourut au bord. Mais l'enfant reparut à la surface, rejeta l'eau qu'il avait avalée et nagea en riant vers le rivage. Alors le berger dit au chasseur : il paraît que vous avez instruit votre fils en bien des choses, toutefois vous avez oublié de lui en enseigner une qui est essentielle. Pourquoi ne l'avez-vous pas habitué à examiner l'intérieur des choses, avant d'ouvrir son cœur à la confiance? S'il avait su combien la moëlle du sureau est tendre et souple, il ne se serait pas fié à son écorce trompeuse.

Ami, répliqua le chasseur, j'ai éclairci sa vue et exercé sa force, et ainsi je puis l'abandonner à l'expérience. Le temps lui apprendra à se défier; mais il soutiendra l'épreuve et ne succombera pas à la tentation, car son œil voit clair et sa force est exercée.

TROISIÈME EXERCICE.

Donner la liste des consonnes douces et des consonnes fortes.

QUATRIÈME EXERCICE.

Donner une série de mots où la lettre *a* soit longue, puis une autre série où elle soit brève. — Même travail sur les voyelles *i*, *o*, *u*.

QUATRIÈME LEÇON.

DES SYLLABES.

1. Le mot vanité se prononce en trois émissions de voix, va-ni-té. Chacune de ces émissions de voix se nomme syllabe.

2. Il y a quatre syllabes dans le mot célérité, cé-lé-ri-té, c'est-à-dire autant qu'il s'y trouve de voyelles.

3. Les mots d'une syllabe sont appelés *monosyllabes*, bon, dur, blé; les mots de deux syllabes sont appelés *dissyllabes*, café, dîné, bonjour; ceux de trois syllabes, *trissyllabes*, vanité, caporal; ceux de plusieurs syllabes sont dits *polysyllabes*.

4. Les syllabes dans lesquelles on entend distinctement deux sons sont appelées *diphthongues*. Exemples : **ia**, **ié**, **oin**, **ui**, **oui**, dans les mots fiacre, foin, fouine, etc.

5. Il y a deux sortes de syllabes, savoir : les syllabes simples et les syllabes dérivées.

6. Les syllabes simples sont celles qui sont formées d'une voyelle simple ou composée, précédée d'une consonne. Telles sont les syllabes des mots : *calamité*, *chanson*, *phare*, etc.

7. On entend par syllabes dérivées celles qui sont formées d'une syllabe simple et d'une consonne qui la précède ou la suit. Telles sont les syllabes du mot *brutal*, qui se décompose de cette manière : bru-tal. La première syllabe, bru, se décompose ainsi b-ru; la seconde, tal, est formée de ta-l (lisez be-ru, ta-le).

8. La syllabe *car* est une syllabe dérivée, étant formée de la syllabe simple *ca*, modifiée par la consonne r qui la suit.

9. La syllabe *cru* est aussi une syllabe dérivée, car elle est formée de la syllabe simple ru, précédée de la consonne *c* qui la modifie.

10. Dans le mot *capricorne*, il y a quatre syllabes, savoir : deux syllabes simples, **ca** et **ne**; et deux syllabes dérivées, **pri** et **cor**.

PREMIER EXERCICE.

Décomposer les mots suivants en syllabes.

Figure, panorama, abandon, mérite, symbole, aubépine, titulaire, épouvantable, populaire, baleine, amirauté, charité, vélocité, campagne, champignon, empereur, procédure, Charlemagne, Pampelune, Chandernagor, antiquité, déplorablement, reproche.

DEUXIÈME EXERCICE.

Indiquer les diphthongues qui se trouvent dans les mots suivants.

Piano, violon, suite, fiole, boire, diable, familiarité, diète, fièvre, lièvre, tiède, babiole, cuisson, période, poire, camion, témoin, viande, fouine, gouache, baragouiné, amiante, Prussien.

TROISIÈME EXERCICE.

Désigner chaque mot par le nom qui lui convient, en raison du nombre des syllabes qu'il renferme.

LA TREILLE.

Un jardinier avait planté près de sa maison un pied de vigne qui étendait sur toute la muraille son bois orné d'un vert feuillage et portait des raisins délicieux.

Un voisin en fut envieux, et, pendant une nuit de printemps, il s'avisa d'abattre plusieurs des plus belles branches, afin de causer du dommage au propriétaire.

Le lendemain matin, lorsque le jardinier aperçut ce dégât, il en fut extrêmement affligé, car alors on ne savait pas encore combien la taille est propice à la vigne.

« Je pleurerais volontiers, disait-il, de voir ce pauvre cep ainsi mutilé. » Mais, cette même année, la treille donna des raisins plus beaux et en plus grande quantité que les années précédentes, et le jardinier eut l'heureuse idée de tailler à l'avenir la vigne pour la rendre plus fertile.

Souvent ce qu'un méchant fait pour notre dommage,
Par un bienfait du ciel tourne à notre avantage.

TROISIÈME EXERCICE (suite).

Souligner dans les mots suivants les syllabes dérivées.

Pri mé, mi tre, cré pi, su cra, ca bri, crot té, brû lé, pla ta ne, glo bu le, dé cla mé, su bli me, bri ga de, cou pa ble, flé chi, ven dre di, brouil lon, trom pé, trou peau, re frain, ta bleau, plom bé, glou ton, plan té, ma ta dor, mar mi te, fru ga li té, vic ti me, fac tu re, cul bu té, dra pe rie, mé dor, bour don, pour sui vi, soup çon, bou doir, vo leur.

QUATRIÈME EXERCICE.

Les élèves mettront un trait sous les syllabes dérivées, contenues dans les phrases suivantes.

LES DANGERS DE LA DISTRACTION.

Une petite nommée Charlotte avait planté dans un pot un pied de rosier. Quand vint le printemps, il se couvrit de petits boutons annonçant des feuilles et des fleurs sous peu de jours. Mais le froid de la nuit pouvait nuire à ces tendres indices de la floraison prochaine ; aussi Charlotte avait-elle soin de rentrer à la brume sa chère petite plante. Déjà quelques boutons s'entr'ouvraient, laissant apercevoir l'extrémité rosée des corolles. Malheureusement, par une distraction regrettable, la petite Charlotte oublia un soir de rentrer son jardin, et le lendemain, quand elle alla le voir, elle trouva toutes les pousses flétries, brûlées par la gelée. Elle eut le chagrin de ne pouvoir offrir à sa mère une rose obtenue par ses soins. L'année suivante, elle se montra plus sage, et le jour de la fête de sa mère, Charlotte eut le plaisir extrême de lui présenter une belle branche fleurie d'un autre pied planté de ses propres mains. Que les petits étourdis retiennent bien cette histoire, afin qu'à l'avenir ils n'aient plus à se repentir de leurs distractions.

CINQUIÈME LEÇON.

DU NOM.

NOTIONS THÉORIQUES.

1. Pour exprimer ce que l'on pense, on emploie des mots.
2. Il y a neuf sortes de mots, savoir : le nom, l'adjectif, le pronom, le verbe, le participe, l'adverbe, la préposition, la conjonction et l'interjection.
3. Le nom est un mot qui sert à désigner, à nommer une personne ou une chose.
4. On entend par personne les hommes, les femmes, les enfants.

5. Le mot chose signifie un objet inanimé quelconque. Ainsi un livre, une chaise, la lune, la terre, une maison sont des choses.

6. Les mots qui désignent les animaux, les plantes sont aussi des noms. Ainsi les mots chien, chat, cheval, tulipe, peuplier, platane, rose, violette, lilas, oranger, vigne, sont des noms.

7. Les mots qui désignent les différentes parties des personnes et des choses sont également des noms. Ainsi les mots tête, bras, jambe, œil, sont des noms, de même que ceux-ci : lame, manche, branche, bouton, anse, ressort, etc.

8. Sont encore évidemment des noms les mots qui désignent une famille, une profession, une époque, une vertu, un vice, etc.

9. Il existe encore une grande classe de mots qui sont des noms, ce sont ceux qui servent à personnifier les manières d'être, les propriétés des personnes et des choses : ainsi, les mots *blancheur* qui vient de blanc, *égalité* qui vient de égal, etc., etc., sont des noms.

10. Il y a deux sortes de noms, savoir : le nom commun et le nom propre.

11. Le *nom commun* est celui qui convient indistinctement à chacun des êtres ou des objets de la même espèce : ainsi les mots *livre*, *plume*, *enfant*, sont des noms communs, attendu qu'ils conviennent à n'importe quel livre, à n'importe quel enfant, à n'importe quelle plume.

12. Le *nom propre* est celui qui désigne spécialement une personne ou une chose parmi les autres personnes ou les autres objets de la même espèce : ainsi le mot *Cherbourg*, qui ne convient pas indifféremment à toutes les villes de France, mais à une seule, est un nom propre.

13. Sont des noms propres, les noms de famille et les noms patronymiques (noms de baptême) ; ceux qui servent à désigner une ville, un bourg, un fleuve, une montagne, un astre, etc.

14. Pour distinguer les noms communs des noms propres, la première lettre de ceux-ci est une *majuscule* ou grande lettre. — Ex. : *Napoléon*, *la France*.

APPLICATIONS.

PREMIER EXERCICE.

Les élèves diront si les noms ci-dessous désignent des personnes, des animaux ou des choses.

Louis, marbre, livre, chat, Julie, Michel, encrier, plume, Médor, Zoé, mouton, maison, prairie, fer, argent, Henri, lin, Marguerite, bâton, chemise, Lucien, gravure, marteau, poulain, ours, cahier, chaise, singe, Louise, rose, paille, café, terre, tigre, Charles, suif.

DEUXIÈME EXERCICE.

Les élèves diront si les mots suivants désignent un être entier ou une partie d'un être.

Jambe, église, tour, ville, rue, faubourg, échelle, barreau, livre, page, ligne, lundi, mollet, cuisine, arbre, branche, feuille, racine, pantalon, poche, soulier, semelle, fruit, pepin, navire, mât, gouvernail, charrette, essieu, brancard, chaise, dos, fusil, mire, crosse, pain, mie.

TROISIÈME EXERCICE.

Les élèves indiqueront quels sont ceux des mots ci-dessous qui désignent une vertu et quels sont ceux qui désignent un vice, un défaut, etc.

Charité, orgueil, avarice, prudence, force, bonté, douceur, application, colère, résignation, obéissance, ivrognerie, sobriété, justice, piété, injustice, ingratitude, reconnaissance, impiété, véracité, dissimulation, vanité, sincérité, brutalité, pureté, sagesse, étourderie, paresse.

QUATRIÈME EXERCICE.

Les élèves indiqueront la nature des êtres que désignent les noms ci-dessous.

Manteau, samedi, vrille, chambre, Rennes, Louis, encrier, commode, plume, gilet, soleil, janvier, Bayard, charbon, jasmin, buffet, sel, Duclos, Paul, chêne, prêtre, haricot.

CINQUIÈME EXERCICE.

Les élèves distingueront dans les membres de phrases ci-dessous les noms qui désignent une matière première et ceux qui désignent la chose ouvrée, travaillée.

Remarque. — On entend par matière première, celle dont on se sert pour en former une autre ; celle-ci est dite chose ouvrée, travaillée. On fait avec le marbre des statues, des tombes, des parquets, etc. Le marbre est la matière première dans l'un et l'autre cas ; mais les mots statues, tombes, parquets désignent les objets ouvrés ou travaillés.

Statue de marbre, papier de riz, buffet d'acajou, croix d'argent, encrier de verre, croix de bois, mouchoir de toile, bonnet de coton, chapeau de paille, écheveau de soie, gâteau de cire, pain de froment, mine de charbon.

SIXIÈME EXERCICE.

Les élèves diront comment on nomme ceux qui font les opérations ci-dessous énumérées.

Celui qui forge se nomme...	Celui qui ment se nomme.....
— peint —	— lithographie —
— écrit —	— copie —
— grave —	— babille —
— sculpte —	— chicane —
— voyage —	— plaide —
— tisse —	— juge —
— mendie —	— préside —
— maçonne —	— instruit —
— jardine —	— étudie —
— confesse —	— meurt —
— examine —	— teint —
— lit —	— décore —
— navigue —	— plonge —
— prêche —	— vend —
— taquine —	

SEPTIÈME EXERCICE.

Dire comment on appelle les animaux qui font les actions suivantes.

L'animal qui aboie se nomme...			L'animal qui rampe se nomme...		
—	vole	—	—	mugit	—
—	braie	—	—	glapit	—
—	miaule	—	—	glousse	—
—	bêle	—	—	roucoule	—
—	hennit	—	—	croasse	—
—	rugit,	—	—	coasse	—
—	butine	—	—	siffle	—

HUITIÈME EXERCICE.

Les élèves nommeront les outils ou instruments qui servent à faire les actions ci-dessous indiquées.

L'instrument qui sert à frapper se nomme...			
—	—	bêcher	—
—	—	hacher	—
—	—	encenser	—
—	—	brosser	—
—	—	tricoter	—
—	—	dévider	—
—	—	se voir	—
—	—	patiner	—
—	—	peigner	—
—	—	percer	—
—	—	peser	—
—	—	couper	—
—	—	siffler	—
—	—	écrire	—
—	—	arroser	—
—	—	moucher	—
—	—	fumer	—

NEUVIÈME EXERCICE.

Distinguer les noms communs et les noms propres.

Plume, Charles, encre, tableau, Louis, Félix, Rouen, mouton, ville, Napoléon, Londres, Paris, verre, table, les Pyrénées, le Rhin, Marie, fenêtre, lit, bougie, Russie, Turenne, Parmentier, Arago, sabre, violon, Jacob, Moïse, Joseph, loup, lion, Médor, Seine, Amérique, luzerne, pistolet, Jésus, Judas, Pharaon, Etienne, jour, pioche, Camille, Minette.

AUTRES APPLICATIONS.

PREMIER EXERCICE.

Indiquer les noms contenus dans cet exercice.

L'IVOIRE.

Les dents sont formées de deux substances : l'ivoire, qui en est comme le corps, et l'émail, sorte de vernis qui les recouvre. Chez certains animaux, les dents prennent un développement considérable et s'appellent alors défenses. Ces défenses fournissent l'ivoire du commerce. L'ivoire des éléphants est le plus abondant. On le tire presque exclusivement de la Guinée et de l'île de Ceylan. Quand il est brut, il porte le nom de morfil. L'ivoire sert depuis les temps les plus reculés à l'ornement des meubles délicats et à la fabrication d'une foule de petits objets. On l'emploie, tantôt avec sa couleur naturelle, tantôt teint d'une couleur quelconque. Pour le teindre en rouge, en jaune, en vert ou en noir, il suffit de le laisser tremper pendant quelques heures dans du vinaigre ou dans une solution d'alun et de le plonger ensuite dans un bain de bois de Brésil, de safran, de vert-de-gris, de campêche ou de sulfate de fer.

L'ivoire de l'éléphant n'est pas le seul employé dans les arts. On tire également parti de celui de l'hippopotame et du morse. Mais l'ivoire le plus estimé, parce qu'il ne jaunit pas, est celui que fournit la défense du narval, sorte de pique d'environ deux mètres que ce terrible cétacé porte à la partie antérieure de sa mâchoire. Enfin, on se sert, sous le nom d'ivoire végétal, d'une substance blanche que renferme un arbrisseau du Pérou nommé tagna.

DEUXIÈME EXERCICE.

Souligner les noms communs et les noms propres.

1. La Seine est une rivière qui partage la ville de Paris en deux parties et qui prend sa source en Bourgogne. — 2. Le chien de mon père s'appelle Médor. — 3. L'Europe est la

plus petite des cinq parties du monde. — 4. Les deux premiers enfants d'Adam se nommaient Caïn et Abel. — 5. Les Français et les Anglais ont pénétré dernièrement à Pékin, qui est la ville capitale de la Chine. — 6. Les Pyrénées sont des montagnes situées entre la France et l'Espagne.— 7. Le plus grand fleuve de l'Europe est le Volga, en Russie. — 8. L'Amérique a été découverte par Christophe Colomb, navigateur génois. — 9. La pomme de terre a été introduite en France par Parmentier.

SIXIÈME LEÇON.

DU GENRE.

NOTIONS THÉORIQUES.

1. On emploie **le** ou **un** devant les noms du genre masculin, et **la** ou **une** devant les noms du genre féminin.

2. Les noms des êtres mâles sont dits du genre masculin : Un *homme*, un *loup*, un *garçon*. — Les noms des êtres femelles sont dits du genre féminin : une *femme*, une *louve*, une *fille*.

3. Les noms des êtres inanimés sont aussi soit du genre masculin, soit du genre féminin. Ainsi, il n'est pas indifférent de dire le *vase* ou la *vase*, car dans le premier cas, on désigne un ustensile pour mettre de l'eau, du vin, etc.; et dans le second, on désigne le limon ou boue que déposent la mer, les rivières, etc., sur leurs bords.

4. L'usage peut seul enseigner le genre des noms; il faut donc écouter attentivement les personnes instruites afin de remarquer devant quels noms elles emploient les mots *le* ou *un*, et ceux qu'elles font précéder des mots *la* ou *une* (1).

5. On emploie les mots *le* et *un* devant les noms du genre masculin : un *chat*, un *livre*, le *chat*, le *livre*.

6. On emploie les mots *la* et *une* devant les noms du genre féminin : une *ville*, une *poule*, la *ville*, la *poule*.

(1) On trouvera dans la seconde partie de cet ouvrage intitulée *Grammaire complémentaire*, les indications les plus générales pour connaître le genre des noms.

APPLICATIONS.

1re SÉRIE.

PREMIER EXERCICE.

Les élèves indiqueront le genre des mots suivants, d'après le sexe.

Chat, chèvre, Marguerite, Auguste, Victor, Julie, chien, poule, brebis, lapin, lionne, Adam, Ève, Napoléon, Alexandre, empereur, reine, modiste, professeur, pape, soldat, impératrice, tailleur, ouvrière, blanchisseuse, cordonnier, sœur, nièce, frère, cousin, oncle, tante, maître, maîtresse, cocher, Clémentine, Henri, pigeon, colombe, paon, Rachel, Sara, Salomon, David, comte, marquise.

DEUXIÈME EXERCICE.

Les élèves indiqueront le genre des noms ci-dessous d'après l'article qui doit les précéder.

Voiture, cocher, pomme, poire, mouchoir, caillou, table, lit, ligne, plante, racine, sabre, prune, bouche, village, rossignol, jour, nuit, soirée, violette, baleine, corbeille, soleil, lune, main, pouce, chapeau, corde, flambeau, bougie, boulanger, boulangerie, marmite, marmiton, laurier, tulipe, fontaine, pompe, réservoir, champ, vin.

TROISIÈME EXERCICE.

Indiquer le genre des noms ci-dessous au moyen des articles *un* ou *une*.

École, ermite, homme, audace, habit, institutrice, addition, œil, ornière, armoire, évêque, écureuil, année, an, encre, ardoise, ormeau, outil, idole, obole, arbre, ondée, hercule.

QUATRIÈME EXERCICE.

Analyser sommairement les mots suivants.

Lucie, livre, cravate, Étienne, Russie, France, Moïse, sarcloir, éclair, incendie, Suzanne, Ésaü, Dina, femme, robe, tabac, Europe, fille, Frédégonde, Clovis, Clotilde,

Bayard, Duguesclin, Soissons, tableau, chaise, porte, Hélène, Véronique, Pépin, Richelieu, Hortense, Louis (*nom d'homme*), louis (*monnaie*), camp, lion (*animal*), Seine (*rivière*), senne (*filet*), raisin, voyage, char, Sully, Chanaan, Égypte, Sinaï, pyramide, mer, armée, Pharaon, désert, Agar, peuple, Nil.

CINQUIÈME EXERCICE.

Placer devant les mots suivants les articles qui conviennent.

NOTA. — Le et la se remplacent par l' devant les noms qui commencent par une voyelle ou une h muette.

1 Bâton, village, fusil, comète, nuage.
2 Planète, vent, pluie, tonnerre, grêle.
3 Arc-en-ciel, ouragan, fleur, montagne.
4 Vallée, rivière, ruisseau, île, volcan, lac.
5 Étang, maison, rue, ville, Dieu, ange.
6 Esprit, âme, religion, piété, charité.
7 Aumône, vertu, prière, obéissance, docilité, travail.
8 Courage, application, attention, mémoire.
9 Souvenir, pensée, réflexion, soumission.
10 Amitié, attachement, vérité, hameau.

CINQUIÈME EXERCICE *bis*.

Animal, chien, chat, cheval, âne, mulet, mouton, chèvre, agneau, brebis, cabri, cochon, lièvre, lapin, oiseau, serin, canard, moineau, ours, panthère, sarigue, héron.

Végétal, arbre, herbe, mousse, champignon, pommier, pomme, poirier, cerisier, chêne, saule, orme, charme, érable, if, sycomore, Hêtre, lilas, tilleul, noyer, osier, vigne, olivier, peuplier, héliotrope.

Poisson, anguille, Hareng, sardine, carpe, rouget, tanche, saumon, épinoche, Homard, écrevisse, merlan.

Caillou, pierre, ardoise, fer, étuve, éteignoir, Hache, épée, hameçon, Hotte, Hutte, Havre-sac, pupître.

SIXIÈME EXERCICE.

Remplacer les tirets par les articles qui conviennent.

1 — lecture élève — esprit et agrandit — âme.

2 — argent et — cuivre servent d'alliage à — or.
3 — vie est — sommeil et — mort — réveil.
4 Nous avons moins besoin de nourriture pendant — été que pendant — hiver.
5 Il est honteux de ne pas savoir — orthographe.
6 — agriculture est — premier — arts.
7 — grande sécheresse fait crevasser — terre.
8 On reconnaît — hypocrite à — manière dont il baisse — regard.
9 — sommeil est — paradis de — esclave.
10 — amitié est — charme de — vie.
11 — anémone annonce — printemps.
12 — âne souffre — faim, un chardon — contente.
13 — intérêt particulier fascine — yeux et restreint — esprit.
14 — oie a — sommeil très-léger.
15 — amarante est — symbole de — immortalité.
16 — nouvelle lune était jadis annoncée par — bruit de — trompette.
17 — bûcheron perdit — hache qu'il avait achetée dans — ville avec — argent qu'il avait trouvé dans — creux d'— arbre.

SEPTIÈME EXERCICE.

Placer les articles convenables devant les noms qui se trouvent dans les phrases suivantes.

1 — premier devoir de — homme est d'adorer Dieu.
2 Ce qu'on aime dans — homme, c'est — franchise.
3 Voici que — heure sonne, j'entends — cloche de — école.
4 — champ de — homme laborieux se couvre de fruits.
5 — heure sonne à — horloge, c'est — compte du temps qui passe.
6 Quand — soleil se cache derrière — nuage, nous ne le voyons pas; cependant il nous éclaire.
7 — autruche fait son nid dans — sable.
8 — mètre est — unité de longueur.
9 — puits artésien est — trou pratiqué dans — terre

à — aide d'une sonde, et d'où — eau jaillit d'elle-même.

10 — prédicateur fit — pause — milieu de son sermon.

11 — fleur — pois a quelque ressemblance avec — papillon.

12 — rais entrent par — bout dans — moyeu de — roue, et par — autre dans — jantes.

13 En Laponie, — renne vit dans — état de domesticité.

14 — Arabe habite sous — tente.

15 On nettoie — grain avec — van.

16 — ail est — espèce d'oignon d' — odeur et d' — goût très-fort.

17 — Seine a donné son nom à — département.

18 — chouette a — vilain cri.

19 — castor travaille sur — rivière.

20 — sapeur a bu — bouteille de vin — jour de — victoire.

21 — frugalité procure — santé durable.

SEPTIÈME LEÇON.

DU NOMBRE.

NOTIONS THÉORIQUES.

1. Les noms peuvent non-seulement désigner une seule personne ou une seule chose, ils peuvent aussi désigner plusieurs personnes ou plusieurs choses.

2. Si je dis *Mon livre est perdu,* je ne parle que **d'un seul livre**; mais si je dis *Tous mes livres sont perdus,* je parle de **plusieurs livres.**

3. Quand un nom ne désigne qu'une seule personne ou une seule chose, on dit qu'il est au nombre *singulier*.

4. Si je dis, par exemple : *Le chien du berger a mordu un enfant taquin qui l'agaçait*, les mots *chien*, *berger*, *enfant* sont au nombre singulier, car il ne s'agit que d'un seul chien, que d'un seul berger, que d'un seul enfant.

5. Quand un nom désigne plusieurs personnes ou plusieurs choses, on dit qu'il est au *pluriel*.

6. Dans cette phrase : *Les chiens des bergers mordent les enfants taquins qui les agacent*, les mots *chiens*, *bergers* et *enfants* sont au nombre pluriel, attendu qu'il s'agit de plusieurs chiens, de plusieurs bergers et de plusieurs enfants.

7. Pour indiquer qu'un nom est au pluriel, on ajoute un **s** à la fin, si toutefois il ne se termine pas par cette lettre au singulier, ou bien par x ou par z.

8. Les trois noms suivants : *jardin*, *pomme*, *chat*, prendront un s au pluriel (*jardins*, *pommes*, *chats*); mais ceux-ci : *fils*, *gaz*, *noix*, ne changent pas d'orthographe en changeant de nombre, car le premier, *fils*, est terminé par un s au singulier, le second, *gaz*, par un z, et le troisième, *noix*, par un x.

9. Les noms du nombre singulier sont ordinairement précédés des mots **le**, **un**, **mon**, **ton**, **son**, **notre**, **votre**, **leur**, **ce**, **cet**, **aucun**, **certain**, **tout**, **maint**, etc., pour le masculin; ou bien par ceux-ci : **la**, **une**, **ma**, **ta**, **sa**, **notre**, **votre**, **leur**, **cette**, **aucune**, **certaine**, **toute**, **mainte**, etc., pour le féminin.

10. Les noms du nombre pluriel sont ordinairement précédés des mots **les**, **des**, **mes**, **tes**, **ses** (par deux s), **ces** (par un c et un s), **nos**, **vos**, **leurs** (avec un s); ou bien par ceux-ci : **beaucoup**, **plusieurs**, **un grand nombre**, **une multitude**, etc.

APPLICATIONS.

1re SÉRIE.

PREMIER EXERCICE.

Dire pourquoi les noms ci-dessous sont au nombre singulier.

La règle, le chien, un cahier, une maison, mon habit, ton doigt, son bras, ma plume, ta tête, sa figure, notre maître, votre sœur, leur parole, nul ami, aucun enfant, chaque élève. — Le monde, la ville, un cheval, une pipe, mon banc, ton frère, son crayon, ma route, ta place, sa jambe, notre pays, votre café, leur farine, nulle bonté, aucune personne, chaque promenade.

DEUXIÈME EXERCICE.

Les élèves diront pourquoi les noms suivants sont au pluriel.

Les règles, les chiens, des cahiers, des maisons, mes habits, tes doigts, ses bras, mes plumes, ses bêtes, ses hardes, nos maîtres, vos sœurs, leurs paroles, beaucoup d'amis, plusieurs élèves. — Les étoiles, les villes, des chevaux, des pipes, mes bancs, tes frères, ses crayons, mes routes, tes places, ses jambes, nos tableaux, vos gâteaux, leurs grains, beaucoup d'arbres, plusieurs promenades.

TROISIÈME EXERCICE.

Traduire les phrases suivantes au pluriel.

1. Le chien chassant le lièvre. — 2. Un filleul aimant son parrain. — 3. Le portefaix portant le sac. — 4. La rivière inondant notre département. — 5. Ton livre amusant ma sœur. — 6. Notre chanson méritant leur suffrage. — 7. L'allumette causant l'incendie. — 8. Notre grenadier combattant l'ennemi. — 9. La fleur embaumant ton parterre. — 10. Votre piano fatiguant mon oreille. — 11. Notre livre s'échappant de sa main. — 12. Un navire portant ton fils.

APPLICATIONS.

2e SÉRIE.

PREMIER EXERCICE.

Mettre au pluriel les expressions suivantes.

1. Mon ami cherchant ton frère. — 2. Le conducteur conduisant ma voiture. — 3. Mon maître instruisant notre ami. — 4. Un rosier fleurissant dans ton jardin. — 5. Un voleur franchissant notre clôture. — 6. Ma sœur réparant sa robe. — 7. La chanson du pinson. — 8. Le talent de l'artiste. — 9. La couleur de la fleur. — 10. Notre proposition convenant au fermier. — 11. L'ordre envoyé à la sentinelle.

DEUXIÈME EXERCICE.

Mettre au singulier les expressions suivantes.
NOTA. — On ne met pas les verbes au pluriel.

1. J'ai des fouets. — 2. Tu as mes crayons. — 3. Il a ses dés. — 4. Nous avons des fêtes. — 5. Vous avez nos sacs. — 6. Ils ont vos vertus.

1. J'avais leurs fusils. — 2. Tu avais mes paquets. — 3. Il avait vos chaises. — 4. Nous avions des canons. — 5. Vous aviez mes caricatures.

1. J'ai eu tes poires. — 2. Tu as eu des chagrins. — 3. Il a eu des malheurs. — 4. Nous avons eu vos visites. — 5. Vous avez eu ses tables. — 6. Ils ont eu mes lettres.

1. J'aurai tes papiers. — 2. Tu auras leurs avantages. — 3. Il aura des bougies. — 4. Nous aurons vos conseils. — 5. Vous aurez mes bénédictions. — 6. Ils auront tes propriétés.

HUITIÈME LEÇON.

DU NOMBRE (suite).

NOTIONS THÉORIQUES.

1. Outre les noms terminés au singulier par x ou par z, il y a encore des noms qui ne prennent pas un *s* au pluriel.

2. Il y a d'abord les noms terminés au singulier en *eu* et en *au*, qui prennent un x au pluriel. Ex. : un cheveu, des *cheveux*; un manteau, des *manteaux*.

3. Il y a ensuite les noms en *al* qui changent *al* en *aux*. Ex. : un cheval, des *chevaux*; un maréchal, des *maréchaux*.

4. Sept noms en *ou* prennent aussi un *x* au pluriel, au lieu d'un s. Ces mots sont, par ordre alphabétique : *bijou*, *caillou*, *chou*, *genou*, *hibou*, *joujou* et *pou*. On écrira donc au pluriel : des bijou*x*, des caillou*x*, des chou*x*, etc.

5. Les noms en al qui désignent des animaux s'écrivent presque tous au pluriel par l'addition d'un s. De ce nombre sont : *chacal*, *serval*, *nerval*, etc. *Bal*, *carnaval*, *régal*, *cal*, *pal* et *nopal* prennent aussi un s au pluriel.

6. Les noms en *ail* prennent un *s* au pluriel. Ainsi on écrit : un détail, des *détails*; un gouvernail, des *gouvernails*, etc.; mais il y a sept noms en *ail* qui s'écrivent au pluriel en changeant *ail* en *aux*. Ces sept noms sont : *bail*, *corail*, *émail*, *soupirail*, *travail*, *ventail* (1) et *vitrail*. On écrira donc des *baux*, des *coraux*, des *émaux*. des *soupiraux*, etc.

7. Il y a encore d'autres observations à faire sur la formation du pluriel dans les noms. On les trouvera dans la *Grammaire complémentaire* faisant suite à cet ouvrage (2).

APPLICATIONS.

Ire SÉRIE.

PREMIER EXERCICE.

Indiquer comment les noms ci-dessous s'écrivent au pluriel.

Un cheveu, un marteau, mon drapeau, ton flambeau, votre troupeau, notre vaisseau, ce hameau, cet ormeau, un essieu, mon jeu, le moyeu, ton aveu, un milieu, votre neveu, un feu.

DEUXIÈME EXERCICE.

Indiquer comment les noms ci-dessous s'écrivent au pluriel.

Mon journal, notre amiral, leur général, ce caporal, cet original, son métal, votre signal, un bocal, le cristal, mon total, ton rival, le végétal, un étal, votre local, mon cheval, cet animal.

(1) Battant de porte.

(2) Il convient dans un ouvrage élémentaire de ne pas multiplier les exceptions, non-seulement pour ne pas surcharger la mémoire des commençants et retarder leurs progrès, mais surtout pour qu'ils ne perdent pas de vue les *règles générales*. Un profond philosophe, l'immortel Kant, a dit : « *Il ne faut pas que les arbres empêchent de voir la forêt.* » Ceux qui parlent aux enfants ne doivent jamais perdre de vue cet admirable précepte.

TROISIÈME EXERCICE.

Indiquer comment les noms ci-dessous s'écrivent au pluriel.

Mon bal, ton bijou, un chacal, leur émail, votre travail, le caillou, mon joujou, votre régal, le carnaval, un bail, mon genou, un hibou, un soupirail, le corail.

APPLICATIONS.

2e SÉRIE.

PREMIER EXERCICE.

Écrire au pluriel les phrases suivantes.

NOTA. — Dans ces exercices, on ne met pas les verbes au pluriel.

J'ai un manteau, tu as mon marteau, il a mon couteau, nous avons notre pinceau, vous avez votre cadeau, ils ont ton chapeau.

J'avais le jeu, tu as un pieu, il a son neveu, nous avons le cheveu, vous avez un enjeu, ils ont un milieu, j'eus le caillou, tu eus le genou, il eut un bijou, nous eûmes votre joujou, vous eûtes votre genou, ils eurent notre chou.

DEUXIÈME EXERCICE.

Indiquer dans les phrases suivantes les noms qui sont au singulier.

LE FER.

Les principaux métaux sont le fer, le cuivre, l'or et l'argent. Le fer est le plus essentiel de tous. La sagesse divine a mis ce métal partout sous notre main. Il ne faut pas creuser bien avant dans la terre pour le trouver. Les autres métaux, qui nous sont moins utiles, ne se trouvent qu'à des profondeurs plus ou moins grandes. A cet égard, il faut remarquer comment la nature, qui est la loi de Dieu pour les choses matérielles, a tout organisé en faveur de cet être privilégié, sans lui épargner toutefois le travail indispensable. Le fer a été enfermé sous nos pieds dans de vastes mines, où nous allons, avec bien des efforts néanmoins, le chercher. Cette profondeur où le fer est caché n'est pas inaccessible; il est rapproché à dessein vers la surface de la terre, et l'homme peut descendre à volonté dans ces magasins où la nature tient en réserve, sous le sol même qui le nourrit, les provisions d'un autre ordre, c'est-à-dire les métaux si indispensables à compléter son existence. Sous ce rapport, on peut dire que le sein de la terre est inépuisable et qu'elle tient toujours au service de l'homme ses trésors cachés, pourvu que l'homme accepte le travail pénible de les faire sortir de leurs retraites. Le fer, le plus dur de tous les métaux, fournit des ressources à tous les arts mécaniques, et à tous les métiers les instruments dont ils ont besoin pour abattre, pour affermir, pour creuser, pour embellir, pour produire, en un mot, la plupart des choses nécessaires à la vie. Il est employé dans les plus grandes dimensions pour les ouvrages de la navigation; dans les bâtiments, on est arrivé de nos jours à bâtir des charpentes et même des assises de fer.

TROISIÈME EXERCICE.

Indiquer, dans le morceau qui précède, les noms qui sont au pluriel.

NEUVIÈME LEÇON.

DE L'ADJECTIF.

NOTIONS THÉORIQUES.

1. L'adjectif est un mot qui s'ajoute au nom d'une personne ou d'une chose pour en préciser la signification, ou pour indiquer une qualité, une manière d'être propre à cette personne ou à cette chose.

2. Par exemple, les mots *grand, petit, moyen*, qui sont des adjectifs, s'ajoutent au mot arbre, pour indiquer quelle idée on doit se faire de cet arbre. En effet, si je dis *grand arbre*, il est évident que je fais entendre qu'il ne s'agit pas d'un arbre quelconque. Il en est de même, si je dis *arbre moyen* ou *petit arbre*.

3. Si je dis *enfant gâté*, j'indique au moyen de l'adjectif gâté que j'ai en vue un enfant dont les parents ont satisfait

tous les caprices. Pareillement, si je dis *faible père*, je fais connaître, au moyen de l'adjectif *faible*, que le père dont il s'agit, au lieu de corriger à propos ses enfants, les laisse faire toutes leurs volontés. Ainsi, au moyen des mots *gâté* et *faible*, qui sont des adjectifs, je fais connaître de quelle espèce d'enfant, de quelle espèce de père il s'agit.

4. Il résulte de là que l'adjectif forme en quelque sorte avec le nom une espèce de *mot composé* et qu'il en prend conséquemment le genre et le nombre.

5. Il y a quatre classes d'adjectifs, savoir : 1° l'adjectif qualificatif; 2° l'article; 3° l'adjectif déterminatif; 4° l'adjectif de nombre.

6. Les adjectifs qualificatifs sont ceux qui servent à indiquer la qualité, c'est-à-dire la manière d'être des personnes et des choses. Les mots *bon*, *méchant*, *vieux*, *fort*, *jeune*, etc., sont conséquemment des adjectifs qualificatifs.

7. L'article, qu'on pourrait appeler *adjectif auxiliaire*, attendu qu'il accompagne presque toujours les noms communs, est un mot qui fait entendre s'ils sont pris dans un *sens fini* ou dans un *sens indéfini* (1).

8. Si je dis, par exemple, *j'ai lu la lettre*, je fais entendre, au moyen de l'article *défini* la, qu'il s'agit d'une lettre connue de la personne à qui j'adresse la parole. — Si je dis, au contraire, *j'ai lu une lettre*, j'indique *vaguement* quelle est la lettre que j'ai lue; en d'autres termes, je parle d'une lettre quelconque. Cette indétermination est exprimée par l'article *indéfini* une.

9. Il résulte de cette observation qu'il y a deux sortes d'articles, savoir : 1° L'article défini, qui fait *le* au masculin singulier, *la* au féminin singulier et *les* au pluriel; 2° l'article *indéfini*, qui fait *un* au masculin singulier, *une* au féminin singulier et *des* au pluriel.

10. L'adjectif déterminatif est celui qui détermine, c'est-à-dire qui établit la signification du nom auquel il se rapporte.

(1) A proprement parler, l'article sert à indiquer qu'un mot est pris *substantivement*. (Voir notre GRAMMAIRE COMPLÉMENTAIRE, ouvrage où toutes les difficultés théoriques et pratiques sont résolues, expliquées et simplifiées.)

11. Par exemple, si je dis : *Ce livre ou mon livre est ouvert*, je précise, au moyen de l'un ou de l'autre de ces mots *ce*, *mon*, la signification du mot livre. Si je dis, au contraire : *Tout livre n'est pas bon à lire*; je n'indique aucun livre en particulier. Loin de là, au moyen du mot *tout*, j'étends la signification du mot livre. Les mots *ce, mon, tout* sont donc des adjectifs déterminatifs.

12. Voici une liste méthodique des adjectifs déterminatifs : 1° *Adjectifs démonstratifs* ou indicateurs, ainsi nommés parce qu'ils montrent ou indiquent en quelque sorte la personne ou la chose dont on parle.

Masculin singulier.	Féminin singulier.	Pluriel.
ce, cet.	cette.	ces.

2° Adjectifs possessifs, ainsi nommés parce qu'ils indiquent la possession, la propriété.

Masculin singulier.		Féminin singulier.		Pluriel.	
mon,	notre,	ma,	notre,	mes,	nos,
ton,	votre,	ta,	votre,	tes,	vos,
son,	leur.	sa,	leur.	ses,	leurs.

3° Les adjectifs indéfinis, ainsi nommés de ce qu'ils généralisent la signification du nom.

Masculin singulier. — Chaque, quelque, même, autre, tout, tel, quel, nul, aucun, certain, maint.

Féminin singulier. — Chaque, quelque, même, autre, toute, telle, quelle, nulle, aucune, certaine, mainte.

Pluriel. — Quelques, mêmes, autres, tous, toutes, tels, telles, quels, quelles, nuls, nulles, aucuns, aucunes, certains, certaines, maints, maintes, plusieurs.

13. Les adjectifs de nombre sont ceux dont on se sert pour compter, comme *un*, *deux*, *trois*, etc., ou *premier*, *second*, *troisième*, etc.

14. Il y a deux sortes d'adjectifs de nombre, savoir : 1° Les *adjectifs numéraux cardinaux*, qui servent à énumérer : un, deux, trois, quatre, cinq, six, sept, etc.; dix, vingt, trente, etc.; cent, mille, million, etc., etc.; 2° les *adjectifs numéraux ordinaux*, qui indiquent l'ordre, le rang : premier, deuxième, troisième, quatrième.

15. Les adjectifs numéraux ordinaux, à l'exception de

premier et second, se forment des adjectifs numéraux cardinaux, en ajoutant la terminaison *ième*. Exemple : trois, trois*ième*; vingt, vingt*ième*, etc. (1).

APPLICATIONS.

1re SÉRIE.

PREMIER EXERCICE.

Faire la distinction des noms et des adjectifs dans les phrases suivantes :

1. Le chien fidèle, le chat traître, le tigre féroce.
2. Un lion cruel, un rocher escarpé, une vaste plaine.
3. Un hiver froid, le brave soldat, le joli serin.
4. Un grand hôtel, le fruit mûr, la tendre mère.
5. La jeune fille, un grand homme, un livre utile.
6. Une petite fleur, le bras long, un tapis vert.
7. Un bon repos, le mauvais dîner, du vin excellent.
8. Un chapeau rond, un manteau brun.
9. Le tonneau plein, du cuir souple.
10. Une grosse corde, une bouteille vide, la chaise neuve.

TROISIÈME EXERCICE.

Joindre ensemble les adjectifs et les noms qui se conviennent.

1. Prêtre, maison, poisson, — neuve, pieux, volant.
2. Carte, général, fleur, — brave, épaisse, fanée.
3. Crayon, feuille, homme, — verte, taillé, sage.
4. Main, brebis, marin, — égorgée, fermée, courageux.
5. Soirée, sabot, instituteur, — étroit, fatigante, instruit.
6. Pomme, chat, mère, — paresseux, mûre, dévouée.
7. Vin, eau, cheval, — douce, vieux, bridé.
8. Livre, cuvette, Dieu, — pleine, ouvert, juste.
9. Chambre, domino, ouvrier, — retourné, froide, actif.
10. Singe, vache, plomb, — blanche, petit, fondu.

(1) Il faut encore signaler l'irrégularité de dérivation de cinq*u*ième et des numéraux ordinaux formés de nombres cardinaux qui finissent par un e muet; cet e muet disparaît dans le dérivé. Ex : *quinze, quinzième.*

QUATRIÈME EXERCICE.

Analyser les adjectifs ci-dessous.

Mon,	Leurs,	Tout,	Même,
La,	Toute,	Notre,	Quelque,
Un,	Nos,	Votre,	Un,
Ce,	Vos,	Le,	Des,
Ta,	Aucune,	Des,	Quelles,
Tes,	Certaine,	Certain,	Toutes,
Nul,	Ma,	Plusieurs,	Autre,
Cet,	Chaque,	Mes,	Autres,
Leur,	Aucun,	Certains,	Aucunes.

CINQUIÈME EXERCICE.

Indiquer les contraires des adjectifs ci-dessous et distinguer la qualité bonne de la qualité mauvaise.

Juste,	Prompt,	Instruit,	Agréable,
Honnête,	Pur,	Clair,	Actif,
Vrai,	Sobre,	Solide,	Aimable,
Utile,	Sain,	Suffisant,	Econome,
Doux,	Heureux,	Gai,	Large,
Poli,	Généreux,	Pieux,	Caressant,
Patient,	Noble,	Joli,	Humble,
Vertueux,	Voyant,	Propre,	Clair.
Courageux,	Attentif,		

APPLICATIONS.

2e SÉRIE.

PREMIER EXERCICE.

Donner la liste des adjectifs suivants :

1. Les articles définis.
2. Les articles indéfinis.
3. Les adjectifs possessifs masculin singulier.
4. Les adjectifs possessifs féminin singulier.
5. Les adjectifs possessifs au pluriel.
6. Les adjectifs démonstratifs.
7. Les adjectifs indéfinis masculin singulier.
8. Les adjectifs indéfinis féminin singulier.
9. Les adjectifs indéfinis au pluriel.

DEUXIÈME EXERCICE.

Ecrire les noms de nombres cardinaux jusqu'à cent.

TROISIÈME EXERCICE.

Ecrire les noms de nombres ordinaux depuis un jusqu'à cent.

DIXIÈME LEÇON.

OBSERVATIONS DIVERSES.

1. On emploie *l'* devant un nom masculin ou féminin commençant par une voyelle ou une h muette. Ainsi, on dit *l'âne* pour le âne, *l'usure* pour la usure, *l'homme* pour le homme, *l'humidité* pour la humidité. (Voir la 6e leçon.)

2. On emploie *au* pour à le, *du* pour de le devant tous les noms qui commencent par une consonne autre qu'une *h* muette.

Ex. : — *Au peuple* pour à le peuple ; *du blé* pour de le blé. Mais on dira *à l'histoire* et non *au* histoire ; *de l'homme* et non *du* homme, parce que les mots *h*omme et *h*istoire commencent par une h muette.

3. On ne fait jamais usage de *au* devant les noms féminins. Il faut donc dire *à la femme*, *à l'âme*, et non *au femme*, *au âme*.

4. On fait toujours usage de *aux* et *des* quand on parle au pluriel. On dira donc *aux parents*, *aux enfants*, *aux hommes*; des parents, des enfants, des hommes, et non : *à les* parents, *à les* enfants, *à les* hommes ; *de les* parents, *de les* enfants, *de les* hommes.

5. On appelle *au*, *du*, *des*, *aux*, articles contractés, c'est-à-dire formés de plusieurs mots fondus en un seul. En effet, comme nous l'avons vu, *au* est formé de *à le* ; *aux*, de *à les*; *du* est formé de *de le*; des, de *de les*.

6. On emploie mon, ton, son, au lieu de ma, ta, sa, devant tout nom féminin commençant par une voyelle ou une *h* muette. Aussi on dit *mon* âme pour *ma* âme, *ton* éducation pour *ta* éducation, *son* histoire pour *sa* histoire.

7. On emploie *ce* devant un nom masculin commençant

par une consonne quelconque, l'*h* muette exceptée. — Exemple : *Ce* livre, *ce* hameau.

8. On emploie *cet* devant les mots masculins commençant par une voyelle ou une h muette. — Exemple : *Cet* enfant, *cet* homme.

APPLICATIONS.

1re SÉRIE.

PREMIER EXERCICE.

Indiquer quelle lettre remplace l'apostrophe dans les mots suivants :

L'utilité, l'ennemi, l'horloge, l'hercule, l'émotion, l'erreur, l'éponge, l'état, l'ignorance, l'imprudent, l'étourdi, l'honneur, l'armée, l'été, l'hiver, l'humeur, l'ordre, l'os, l'ours, l'ignorance.

DEUXIÈME EXERCICE.

Remplacer les tirets par les articles et les adjectifs convenables.

1. Donnez-moi *m*— paletot et *m*— redingote. 2. *C*— hiver, j'irai voir *c*— exposition. 3. *C*— livre n'appartient pas à *c*— personne. 4. J'ai remis *t*— plume à *t*— frère. 5. *Nul* élève ne peut dire qu'il n'a *n*— faute à se reprocher. 6. *Aucun* pêcheur n'est venu sans *a*— barque. 7. *Certain*— femme dit un jour à *c*— homme. 8. *S*— mère est idolâtre de *s*— enfants. 9. *U*— procès entraîne toujours *d*— frais. 10. *Tout*— résolution n'est pas bonne à prendre. *T*— les propositions que j'ai faites ont été acceptées. *Leur*— vices ont été la cause de *l*— ruine. 11. Promettre est facile, tenir c'est *autre*— chose. Le fer, le plomb, l'or, l'argent et beaucoup d'*a*— métaux ont été utilisés par les hommes. 12. On m'a fait les *même*— propositions qu'à vous, et c'est le *m*— motif qui m'a décidé à les rejeter. 13. *Plusieurs* fois j'ai aperçu *p*— enfants faire des niches à *leur*— camarades. 14. *Votre* père n'a pas la même fortune que *v*— tantes.

DEUXIÈME EXERCICE *bis*.

Décomposer les articles contractés, compris dans les phrases suivantes.

1. Mon frère est *au* lit, il lui faut *du* repos. — 2. Il y a

des pommes dans cet arbre. — 3. Les insectes nuisent *aux* plantes. — 4. Il faut montrer *du* courage *au* travail. — 5. On donne *des* prix *aux* élèves studieux. — 6. Les âmes *des* justes monteront *au* ciel. — 7. Un bon élève doit toujours d'être *au* premier rang. — 8. On gagne *du* pain en travaillant. — 9. Votre frère est allé *au* spectacle. — 10. Il y a *des* blessures qui laissent *des* traces ineffaçables. — 11. On juge *les* hommes aux actes et non *aux* paroles. — 12. Votre père est allé *au* château *du* comte. — 13. Avez-vous reçu *des* nouvelles *du* capitaine? — 14. *Au* récit qu'il m'a fait, *des* peines qu'il a éprouvées, j'ai versé *des* larmes. — 15. *Du* haut *des* cieux, Dieu répand sur nous ses bienfaits.

TROISIÈME EXERCICE.

Remplacer les tirets par les adjectifs contractés qui conviennent.

On ne parvient guère sans avoir *d-* talent. — 2. *A-* plus grandes profondeurs *d-* firmament brillent *d-* étoiles. — 3. *A-* petits *d-* oiseaux Dieu donne la pâture. — 4. Voulez-vous recevoir *d-* récompenses? travaillez! — 5. On entend *d-* bruit *a-* fond de la cave. — 6. Il y a *d-* enfants qui sont pour ainsi dire incorrigibles. — 7. Aimez-vous la soupe *a-* choux? — 8. Il faut vous montrer attentif *a-* explications *d-* moniteurs. — 9. Ne savez-vous pas qu'il y a *d-* mois de trente jours et *d-* mois de trente-et-un jours? — 10. Voici *d-* pain et *d-* vin. — 11. Depuis *d-* siècles, on observe dans notre contrée ces phénomènes météorologiques. — 12. Il faut lire *a-* fond *d-* cœurs pour les connaître. — 13. On a vu *d-* hommes *d-* même pays s'entr'égorger pour un mot. — 14. Il y a *d-* bonheur à pratiquer le bien et à fuir le mal. — 15. Voulez-vous *d-* fruits ou *d-* café?

QUATRIÈME EXERCICE.

Remplacer les tirets par les articles convenables.

1. Avez-vous été — Jardin — Plantes? 2. Votre frère a aujourd'hui — humeur. 3. Dites-moi si vous irez — promenade à Vincennes ou — bois de Boulogne. 4. Je préfère rester — maison, — ennui de me trouver avec — gens mal élevés. 5. Il y a souvent — éloquence dans — silence. 6. Les

enfants — hameau ne viennent pas tous — école. 7. Il y a beaucoup de paysans qui se rendent — église — auberge. 8. Prenez soin de vous mettre — ombre pour dormir pendant — été. 9. Turenne et Condé, — tête des armées de Louis XIV, guidaient nos soldats — combat et bien souvent — victoire. 10. Avez-vous lu la vie — chevalier Bayard, qui fut blessé à mort — armes — main? 11. Rien ne peut vous guérir — manie de parler à tort et à travers. 12. Il a fait — vent cette semaine. 13. Voici un beau portrait — pastel, en voici un autre fait — plume — encre de Chine. 14. Il joint — qualités — esprit — bonté — cœur, — noblesse — caractère. 15. Je voudrais vous communiquer — principes excellents de conduite pour vous éviter le plus possible — dures leçons — expérience.

CINQUIÈME EXERCICE.

Remplacer les tirets par l'un des adjectifs possessifs suivants : Mon, ton, son; ma, ta, sa.

1. *M*— corps périra, mais *m*— âme est immortelle. 2. Tu devrais comprimer, *m*— cher Charles, *t*— humeur insupportable. 3. Il est temps que tu termines *t*— tâche. 4. J'ai vu passer le général, il avait *s*— épée d'honneur au côté. 5. Avez-vous communiqué *m*— proposition à l'ingénieur, comment apprécie-t-il *m*— idée? 6. Personne ne veut convenir de *s*— ignorance d'une façon sincère. 7. Quand donc secoueras-tu le joug de t— habitude dominante, de *t*— paresse invétérée. 8. Ne vous ai-je pas parlé de *m*— horreur à la nouvelle de ce crime épouvantable? 9. Je ne fais pas parade de *m*— humilité. 10. *M*— cher Jules, tu me forceras à te punir pour *t*— étourderie. 11. Lucien a couru si long-temps qu'il peut à peine prendre *s*— haleine. 12. Ne me faites pas repentir de *m*— bonté, car vous me forceriez à vous donner des preuves de *m*— énergie. 13. Le panier ne pourra plus servir, *s*— anse étant détachée. 14. Un bon élève donne constamment des preuves de *s*— application, de *s*— bonne volonté. 15. Jérôme, tu communiqueras *t*— analyse à *t*— sœur. 16. Connaissez-vous *c*— livre? 17. J'ai mis *c*— habit *c*— matin. 19. Voyez le portrait de *c*— héros. 20. On dit que *c*— victoire aura de grandes conséquences. 21. Avez-vous lu — discours éloquents?

ONZIÈME LEÇON.

PREMIÈRE PARTIE.

NOTIONS THÉORIQUES.

FORMATION DU FÉMININ DANS LES ADJECTIFS QUALIFICATIFS.

1. Pour écrire un adjectif qualificatif au féminin, il suffit d'ajouter un *e* muet au masculin; ainsi *joli* fait au féminin *jolie*, *grand* fait au féminin *grande*, *aisé* fait au féminin *aisée*.

2. Les adjectifs qui se terminent au masculin par un *e* muet n'en prennent pas un autre au féminin. Ainsi *agréable*, *docile* s'écrivent de la même manière, qu'ils soient au masculin ou au féminin.

3. Il y a en outre des adjectifs dans lesquels on double la dernière consonne en même temps qu'on y ajoute un *e* muet au féminin.

4. On divise ces adjectifs en quatre classes, suivant qu'ils se terminent par l'une des quatre consonnes *l*, *n*, *s*, *t*.

5. Les adjectifs compris dans la première classe sont ceux qui sont terminés par *el* ou par *eil*. *Éternel*, *cruel*, *pareil*, *vermeil* s'écriront donc au féminin de cette manière : *éternelle*, *cruelle*, *pareille*, *vermeille*.

Les adjectifs *gentil* et *nul* prennent aussi deux *l* et un *e* muet au féminin : *gentille*, *nulle*.

6. Les adjectifs compris dans la deuxième classe sont ceux qui se terminent au masculin par *en* ou par *on*. *Ancien*, *indien*, *bon*, *poltron* s'écriront donc au féminin de cette manière : *ancienne*, *indienne*, *bonne*, *poltronne*.

L'adjectif *paysan* prend aussi deux *n* et un *e* muet au féminin : *paysanne*.

7. Les adjectifs compris dans la troisième classe sont ceux qui se terminent au masculin par un *s*, mais il faut cette circonstance expresse que l's final ne se prononce pas comme z au féminin. On trouve parmi les adjectifs dont il s'agit : *gras*, *las*, *gros*, *épais*, *exprès*, etc., qui font, en conséquence, au féminin *grasse*, *lasse*, *grosse*, *épaisse*, *expresse*, mais *niais* fait au féminin *niaise*, car l's se prononce comme z.

8. Les adjectifs qui appartiennent à la quatrième classe sont ceux qui sont terminés au masculin par *et*. *Muet*, *net*, *violet* s'écriront donc au féminin de cette manière : *muette*, *nette*, *violette*.

On écrit aussi au féminin par deux *t* et un *e* muet les adjectifs *sot* et *vieillot* : une femme *sotte* et *vieillotte*.

APPLICATIONS.

1re SÉRIE.

PREMIER EXERCICE.

Expliquer l'accord des adjectifs avec les noms auxquels ils se rapportent.

1. Ma petit*e* sœur. — 2. Votre chèr*e* mère. — 3. La vrai*e* croix. — 4. Une fille soumis*e*. — 5. De l'eau sucré*e*. — 6. Sa redingote gris*e*. — 7. Une mère tendr*e*. — 8. Une plante odoriférant*e*. — 9. La route escarpé*e*. — 10. Une femme intrépid*e*. — 11. Une chair délicat*e*. 12. La saint*e* famille. — 13. La mort subit*e*. — 14. Une pâte aigri*e*. — 15. Une santé parfait*e*. — 16. La garde national*e*. — 17. — Une excellent*e* occasion. — 18. Son encre bleu*e*. — 19. Une divin*e* inspiration. — 20. La figure niais*e*.

PREMIER EXERCICE (*bis*).

1. Une faute habituel*le*. — 2. La tache originel*le*. — 3. Une vérité éternel*le*. — 4. La mort cruel*le*. — 5. Une pareil*le* conduite. — 6. La mer vermeil*le*. — 7. Une gentil*le* enfant. — 8. Une opération nul*le*. — 9. La femme chrétien*ne*. — 10. La nation italien*ne*. — 11. Une feuille quotidien*ne*. — 12. Une pâte gras*se*. — 13. Une Espagnole musicien*ne*. — 14. La fête annuel*le*. — 15. La salle bas*se*. — 16. Une conduite bouffon*ne*. — 17. L'encre violet*te*. — 18. La vie réel*le*. — 19. Une armée poltron*ne*. — 20. La liste officiel*le*. — 21. Une place net*te*. — 22. Une servante sot*te*. — 23 loi naturel*le*. — 24. Une question européen*ne*. — chambre propret*te*. — 26. Une idée superficie

APPLICATIONS.

2e SÉRIE.

PREMIER EXERCICE.

Compléter les phrases ci-dessous en mettant les adjectifs masculins au féminin.

1. Le petit garçon, — fille. 2. Un drap vert, — noix — 3. Un caillou rond, — pierre — 4. Un ouvrier adroit, — ouvrière — 5. Un homme sensé, — femme — 6. Le cousin germain, — cousine — 7. Un instituteur dévoué, — institutrice — 8. Un visage laid, — figure — 9. Un enfant ingrat, — fille — 10. Votre habit noir, — cravate — 11. Un drap bleu, — flamme — 12. Un salon clair, — chambre — — 13. Un homme seul, — femme — 14. Le vin pur, — liqueur — 15. Un fruit mûr, — poire — 16. Ce serviteur diligent, — servante — 17. Ce bateau léger, — barque — 18. Le mur étroit, — muraille — 19. Un abricot vermeil, — pêche — 20. Un travail obstiné, — occupation —

DEUXIÈME EXERCICE.

Même sujet.

1. Un costume ancien, — mode — 2. Un plat moyen, — écuelle moyenne. — 3. Ce temple ancien, — église — 4. Un usage païen, — coutume — 5. Un bon microscope, — loupe. — 6. Un air fripon, — mine — 7. Le bonnet coquet, — coiffure — 8. Son fol orgueil, — vanité. — 9. Le mur épais, — muraille — 10. Un travail continuel, — occupation — 11. Un abricot vermeil, — pêche — 12. Ce gentil enfant (on désigne un garçon), — enfant (il s'agit d'une petite fille). — 14. Un gros cordon, — corde. — 15. Le coup nul, — partie — 16. Ce garçon douillet, — fille —

DOUZIÈME LEÇON.

FORMATION DU FÉMININ DANS LES ADJECTIFS (suite).

NOTIONS THÉORIQUES.

1. Il y a un grand nombre d'adjectifs dont le féminin se forme irrégulièrement.

2. Cette irrégularité provient des changements ou transformations que subit la lettre finale dans un certain nombre d'adjectifs.

3. Ainsi la lettre *c* se change en *che* dans les adjectifs *blanc*, *franc*, *sec*, qui font au féminin *blanche*, *franche*, *sèche*; mais elle se change en *que* dans *public*, *caduc*, *turc*, *ammoniac*, *franc* (de France), qui font au féminin *publique*, *caduque*, *turque*, *ammoniaque*, *franque*; *grec* fait *grecque*.

4. Les adjectifs qui se terminent en *f* au masculin se terminent au féminin en *ve*. — Exemple : *actif*, active; *vif*, vive; *bref*, brève; *neuf*, neuve; *sauf*, sauve.

5. Parmi les adjectifs terminés en eur, les uns prennent un e muet au féminin : *meilleur*, meilleure; *intérieur*, intérieure; d'autres, tels que *trompeur*, *menteur*, *buveur*, etc., venant de trompant, mentant, buvant, prennent au féminin la terminaison *euse*; d'autres, enfin, tels que *consolateur*, *admirateur*, *dominateur*, font au féminin consolatrice, admiratrice, dominatrice, c'est-à-dire qu'ils prennent la terminaison *rice*.

6. Il y a encore un grand nombre d'adjectifs dont le féminin se forme irrégulièrement, mais c'est surtout par l'usage qu'on apprend à les connaître.

On les a indiqués pour la plupart dans les devoirs suivants.

APPLICATIONS.

1re SÉRIE.

PREMIER EXERCICE.

Mettre au féminin les adjectifs ci-dessous et indiquer quels changements on fait à cet effet dans la terminaison.

Masculin : Public, caduc, ammoniac, franc (1), turc, grec, actif, vif, attentif, bref, neuf, sauf, long, oblong, favori, coi, malin, bénin, tiers, frais, absout, dissout, muscat, bel, nouvel, fol, mou, jumeau, tourtereau, aigu, ambigu, contigu, exigu, heureux, pieux, précieux, géné-

(1) Il s'agit ici de l'adjectif qui s'applique au peuple conquérant des Gaules.

reux, époux, jaloux, roux, faux, doux, préfix, vieil, vieux, meilleur, supérieur, intérieur, extérieur, majeur, mineur, trompeur, menteur, danseur, quêteur, buveur, flatteur, admirateur, dominateur, accusateur, consolateur, enchanteur, pécheur, vengeur, traître, nègre.

DEUXIÈME EXERCICE.

Mettre au masculin les adjectifs ci-dessous et indiquer quels changements on opère à cet effet dans les terminaisons.

FÉMININ : habituelle, douillette, païenne, mignonne, paternelle, cruelle, basse, coquette, telle, muette, chrétienne, épaisse, pareille, lasse, quotidienne, annuelle, nulle, mitoyenne, musicienne, nette, violette, gloutonne, réelle, manchote, musulmane, européenne, aigrelette, magicienne, mérovingienne, fluette, superficielle, bouffonne, sujette, mahométane, naturelle, citoyenne, chananéenne, persane.

TROISIÈME EXERCICE.

Orthographier les adjectifs compris dans les phrases ci-après, suivant le genre et le nombre des noms auxquels ils se rapportent.

1. Votre sœur est *distrait*. — 2. J'ai loué une *excellent* ferme. — 3. Une mère *indulgent* n'est pas une mère faible. — 4. Toute personne *complaisant* se fait des amis. — 5. Une heure *perdu* est quelquefois plus irréparable qu'une année *entier*. — 6. La bonté *divin* s'étend jusqu'au *dernier* brin d'herbe. — 7. Une fille *pieux* est la consolation et la joie de sa famille. — 8. La garde *national* a passé la revue. — 9. Une figure *grâcieux* est une *excellent* recommandation. — 10. Dans ce canton, on ne paie pas régulièrement la rétribution *mensuel*. — 11. Il est indispensable que les enfants apprennent l'analyse *grammatical*. — 12. Il faut tâcher autant que possible d'habiter une contrée *sain*. — 13. Une réponse *naïf* n'est pas toujours une *sot* réponse. — 14. Vous me racontez-là une *vieil* histoire. — 15. Les personnes qui commandent ont généralement la parole *bref*. — 16. Les Juifs ont presque tous les cheveux *roux* et la barbe *roux*. — 17. Constantinople est une ville *turc*. — 18. Une parole *malin* indique généralement un caractère *méchant*. — 19. Il n'est pas de muraille,

si *épais* qu'elle soit, qui puisse résister à notre artillerie. — 20. Nous mangerons une oie *gras* pour ta fête.

QUATRIÈME EXERCICE.

Ecrire les adjectifs ci-dessous suivant le genre et le nombre des noms auxquels ils se rapportent.

1. Ce général s'est distingué par une *beau* retraite. — 2. On doit éviter dans la conversation *tout* tournure *vicieux*. — 3. La race *mérovingien* tire son nom de Mérovée. — 4. Cette liqueur a une couleur *violet*. — 5. Vous demeurez dans la tourelle, ma chambre y est *contigu*. — 6. La terre termine en décembre sa révolution *annuel* autour du soleil. — 7. La ciguë est une plante *vénéneux*. — 8. Votre sœur est revenue *sain* et *sauf* d'un voyage en Amérique. — 9. Ayez confiance en la bonté *divin*. — 10. Une étude *superficiel* nous expose à l'erreur. 11. — La terre est une des planètes de *moyen* grandeur. — 12. La vie *actuel* n'est qu'une épreuve. — 13. Ne vous confiez qu'à une personne *discret*. — 14. Une personne *replet* est une personne *gras*. — 15. L'ivrognerie est une *sot* et *bas* passion. — 16. Votre frère a une *petit* mine *fluet*. — 17. Une âme vraiment charitable n'est jamais *las* de faire le bien. — 18. Dieu connaît notre plus *secret* pensée. — 19. La langue du cœur est une langue *universel*. — 20. Une *secret* joie n'est presque jamais une joie *complet*.

CINQUIÈME EXERCICE.

Comme dans les deux exercices précédents.

1. La beauté est *fugitif*. — 2. Nous nous rendons facilement à une éloquence *persuasif*. — 3. La terre *natal* a des charmes pour tout cœur *sensible*. — 4. On peut mourir d'une joie *excessif*, comme d'une *excessif* douleur. — 5. Quand on ne peut satisfaire à une question, on s'en tire aisément par une réponse *évasif*. — 6. Ne blasphêmez pas la Divinité, ou craignez que la foudre *vengeur* n'éclate sur votre tête. — 7. Je sais compatir à une douleur *profond*, mais *muet*. — 8. La paix *perpétuel* n'est peut-être pas un but *chimérique*. — 9. Une figure *spirituel* et *doux* est-elle une *sérieux* recommandation ? — 10. L'histoire *ancien* est

au moins aussi *intéressant* que l'histoire *moderne*. — 11. En l'absence d'une idée *nouveau*, on forge quelquefois un mot *nouv*— 12. Puisque nous vivons en société, l'éducation *public* est celle qui convient le mieux. — 13. Nourris-toi de la lecture des anciens, et que ce soit là ta lecture *favori*. — 14. Lève-toi de *bon* matin et tu auras la tête *frais*. — 15. La *bénin* influence de la température est une *excellent* circonstance *hygiénique*. — 16. Détestez la flatterie et détestez-là comme une *faux* monnaie. — 17. La félicité *public* est le résultat d'une *bon* administration. — 18. Faites de l'Evangile votre lecture *favori*. — 19. La *cruel* adversité est souvent une *précieux* école. — 20. Une vanité *franc* nous déplaît moins qu'une *faux* modestie. — 21. La nation *franc* était *campé* sur les bords du Rhin. — 22. Que la nuit paraît *long* à la douleur qui veille. — 23. Demandons à Dieu une âme *sain* dans un corps *s*— 24. A une *sot* question, on fait souvent une *imprudent* réponse. — Ma fille, sois *doux* et *laborieux*, si tu veux être *heureux*.

SIXIÈME EXERCICE.

Accorder dans les phrases ci-dessous les adjectifs qui s'y trouvent avec les noms auxquels ils se rapportent.

1. En musique, on appelle tierce *mineur* l'intervalle d'un ton et d'un demi-ton. — 2. N'écoutons pas la voix *trompeur* des sens. — 3. Un grand artiste doit être doué d'une imagination *créateur*. — 4. Nous sommes tous sensibles à une parole *flatteur*. — 5. La voix *accusateur* de la conscience poursuit le coupable. — 6. L'enfance est une habile *imitateur*. — 7. On prétend que les sirènes avaient une voix *enchanteur*. — 8. La pesanteur est la force *accélérateur* qui attire les corps vers la terre. — 9. La chèvre est *vif*, *capricieux* et *vagabond*. — 10. La science de l'homme est bien *superficiel*. — 11. La raison du plus fort n'est pas toujours la *meilleur*. — 12. Une *chétif* grenouille voulut en se gonflant se rendre aussi *gros* qu'un bœuf. — 13. La cire *blanc* n'est pas aussi *mou* que la cire jaune. — 14. L'âme est *captif* dans le corps. — 15. Une action *honteux* nous enlève notre propre estime. — 16. Anne de Bretagne, *veuf* de Charles VIII, épousa le duc d'Orléans, devenu roi. — 17. Gardez-

vous, lorsque vous êtes en sueur, de boire de l'eau trop *frais*. — 18. C'est une bonne habitude pour les enfants que d'aller tête *nue*. — 19. Ma petite Rose, il ne faut pas rester ainsi *coi* lorsque je vous interroge. — 20. C'est une habitude *mal sain* que de boire entre ses repas. — 21. Il est important de ne pas porter une coiffure *exigu*. — 22. La pomme que vous m'avez donnée avait une saveur *aigrelet*.

TREIZIÈME LEÇON.

FORMATION DU PLURIEL DANS LES ADJECTIFS.

NOTIONS THÉORIQUES.

1. On forme le pluriel dans les adjectifs en ajoutant un *s* à la fin. On écrira donc : un homme franc, des hommes *francs;* une femme franche, des femmes *franches*.

2. Les adjectifs qui se terminent au singulier par s ou par *x* ne prennent pas un s au pluriel. On écrira donc : un poisson frais, des poissons frais ; un mets exquis, des mets exquis.

3. La plupart des adjectifs terminés en *al* perdent cette terminaison au pluriel et finissent en *aux*. Sont compris dans cette catégorie les adjectifs *capital*, *général*, *moral*, *égal*, qui, par conséquent, font au pluriel : *capitaux*, *généraux*, *moraux*, *égaux*.

4. Il y a une vingtaine d'adjectifs en *al* qui prennent un s au pluriel. Dans ce nombre, les plus usités sont les adjectifs *moral*, *pascal*, *théâtral*, *frugal*, *fatal*, *filial*, *amical*.

5. Les adjectifs *beau*, *nouveau*, *jumeau*, *hébreu* prennent un *x* au pluriel. De *beaux* discours, de *nouveaux* comptes, deux enfants *jumeaux*, les livres *hébreux*.

6. L'adjectif tout prend un s au pluriel, mais il perd le t. On écrira donc : *tous* les enfants et non *touts* les enfants.

7. Quand un adjectif se rapporte à un ou plusieurs noms du singulier, on l'écrit au masculin et au pluriel, à moins que tous les noms, sans exception, ne soient du féminin, dans lequel cas l'adjectif se met au féminin.

8. Par exemple, dans ces phrases : *Mon père et mon*

oncle sont âgés; — Ma sœur et mon frère sont étourdis, on écrit les adjectifs *âgés* et *étourdis* au masculin et au pluriel, parce qu'ils se rapportent à deux noms du singulier; mais dans cette phrase : *Ma mère et ma tante sont âgées*, l'adjectif *âgées* se met au féminin pluriel, les deux noms auxquels il se rapporte étant du féminin.

9. Il n'y a pas lieu dans la deuxième phrase de faire accorder l'adjectif étourdis avec *sœur* plutôt qu'avec *frère;* voilà pourquoi il ne change pas de forme par rapport au genre, les deux noms auxquels il se rapporte étant l'un du genre masculin, l'autre du genre féminin.

APPLICATIONS.

1re SÉRIE.

PREMIER EXERCICE.

Ecrire au pluriel les adjectifs ci-après.

Blanc,	Gras,	Royal,
Grand,	Gris,	Général,
Aisé,	Gros,	Egal,
Facile,	Mauvais,	Brutal,
Actif,	Exquis,	Conjugal,
Long,	Confus,	Loyal,
Joli,	Faux,	Moral,
Cruel,	Doux,	Idéal,
Ancien,	Heureux,	Musical,
Noir,	Pieux,	Original,
Ingrat,	Précieux,	Horizontal,
Pointu,	Odieux,	Rural.

DEUXIÈME EXERCICE.

Mettre au pluriel les phrases suivantes.

1 Le général est libéral, loyal et courageux.
2 Ce velours est chaud, doux et soyeux.
3 Le trou est large, creux et profond.
4 Ce détail est long, diffus et fastidieux.
5 L'adjectif numéral est cardinal ou ordinal.
6 Le sapin est blanc, élevé et résineux.

7 Le lapis est blanc, cassant et vitreux.
8 L'ail est fort, odorant et tonique.
9 Le ciel de la carrière est humide et malsain.
10 L'œil est noir, bleu ou gris.
11 Le travail du secrétaire est long et diffus.
12 Ce bétail est beau, gras et bien nourri.
13 Le ciel de cette tapisserie est sombre.
14 Le travail du maréchal est bon pour les chevaux vicieux.
15 Le sapajou est audacieux, fripon et voleur.
16 Le coucou est carnivore et vorace.
17 Le pou est laid, hideux et dégoûtant.
18 Le moineau est hardi, incommode et destructeur.
19 Le blaireau est solitaire, défiant et paresseux.
20 Le chevreuil est grâcieux, leste et dispos.

TROISIÈME EXERCICE.

Mettre au pluriel les phrases suivantes.

1 Le cerf est svelte, souple et nerveux.
2 L'éléphant est reconnaissant, docile et intelligent.
3 La brebis est faible, stupide et craintive.
4 Le cheval est vif, fougueux et impatient.
5 L'âne est sobre, confiant et entêté.
6 Le chat est traître, perfide et soupçonneux.
7 Le chacal est féroce, ombrageux et impétueux.
8 Le lion est fier, magnanime et généreux.
9 Le chien est fidèle, vigilant et courageux.
10 Le loup est poltron, grossier et infatigable.
11 Le renard est fin, rusé et sournois.
12 Le chamois est léger, méfiant et peureux.
13 Le chou est lourd et indigeste.
14 Ce mot est bas et trivial.
15 Le tribunal est équitable et impartial.
16 Mon aïeul est vieux et cassé.
17 Le procès est long et ruineux.
18 Le bois est poreux et combustible.
19 Le ciel est nuageux et orageux.
20 Le clou est rond ou carré.
21 Ce madrigal est fin et spirituel.

22 Ce palais est beau et riche.
23 Le local est vaste et spacieux.
24 Le fils est obéissant et respectueux.
25 Le père est doux et indulgent.
26 Le journal est injuste et partial.
27 Le coucou est ennuyeux et désagréable.

QUATRIÈME EXERCICE.

Traduire les phrases suivantes au pluriel.

1 Cet événement est fatal.
2 Ce tour est grammatical.
3 Voilà un parfum oriental.
4 On allumera un cierge pascal.
5 Votre cabinet est glacial.
6 On a parlé de ce combat naval.
7 Voici le facteur rural.
8 Que cet homme est trivial.
9 Ce juge est impartial.
10 Ce sentiment est filial.
11 Votre ami est matinal.
12 Ce défaut est général.
13 Ton pantalon est bleu.
14 Le sapajou est jovial.
15 Le hibou est un oiseau nocturne.
16 Le verrou solide fermant le portail.
17 Voilà un chemin vicinal bien entretenu.
18 On connaît un arbre plus colossal.
19 Voilà, certes, un compliment banal.
20 Votre tante est caduque.
21 Tout le canton est inondé.
22 Tout son bien est vendu.
23 Tout le livre est sali.
24 On a cultivé tout le jardin.

CINQUIÈME EXERCICE.

Remplacer les tirets par les adjectifs donnés dans chaque phrase type et analyser ensuite, conformément au modèle ci-dessous.

Un Art. ind. masc. sing., parce qu'il se rapporte à *enfant*.
enfant Nom commun masc. sing. qui désigne une personne.
pieux Adj. qual. masc. sing., parce qu'il se rapporte à *enfant*.

1. Un enfant pieux, une personne p—, des livres p—, des pensées p—. 2. Le drapeau national, des couleurs n—, des chants n—. 3. Un corps sain, une contrée s—, des mets s—, des villes s—. 4. Un rôle mensuel, la rétribution m—, des publications m—, des journaux m—. 5. Un tour grammatical, une analyse g—, des exercices g—, des corrections g—. 6. Un air naïf, des garçons n—, une fille n—, des récits n—, des histoires n—. 7. Une vieil armoire, des meubles v—. 8. Des fauteuils bas, une chaise b—, un siége b—. 9. Un luxe ruineux, une dépense r—, des entreprises r—, des goûts r—. 10. Des malheurs récents, un fait r—, des pertes r—. 11. Une barbe roux, un cheval r—, des cheveux r—, des figures r—. 12. Une odeur exquis, un parfum e—, des mets e—, des liqueurs e—. 13. Des mois entier, une heure e—, un jour e—, des années e—. 14. Un cœur franc, des aveux f—, une âme f—. 15. Des voyelles bref, une réponse b—, un ton b—. 16. Le premier rang, la p— leçon, les p— habitants, les p— études. 17. Un regard malin, des yeux m—, une parole m—. 18. Un air faux, une f— note. 19. Un récit trompeur, une apparence t—, des promesses t—. 20. Un ton sec, une parole s—, des fruits s—, des feuilles s—. 21. Une église grec, des livres g—, des femmes g—. 22. Une long course, un l— récit, de l— promenades. 23. Un traité secret, des articles s—, une porte s—, des conditions s—. 24. Une clause exprès, un fait e—, des remarques e—. 25. Un ton accusateur, une circonstance a—, des témoins a—. 26. Un fou furieux, des bêtes f—, des hommes f—.

SIXIÈME EXERCICE.

Achever les phrases et accorder les adjectifs avec les noms auxquels ils se rapportent.

1. Un remède amer, une liqueur a—, des amendes a—, un suc et un fruit a—. 2. Un bœuf gras, une huile g—, des chapeaux g—, une poule et une oie g—. 3. Un air frais, l'eau f—, des œufs f—, la matinée et la soirée f—. 4. Un chapeau gris, une capote g—, des mouchoirs g—, un pantalon et un gilet g—. 5. L'ouvrier laborieux, la ménagère l—, des écoliers l—, l'abeille et la fourmi l—. 6. Un abricot

vert, une cerise v—, des raisins v—, le sapin et le cèdre v—. 7. Un livre instructif, une leçon i—, des contes i—, l'histoire et la fable i—. 8. Le loup cruel, des animaux c—, une lionne c—, le tigre et le lion c—. 9. Un personnel quotidien, la feuille q—, les lectures q—, le pain et le travail q—. 10. Un caractère vif, une repartie v—, des discussions v—, un geste et un regard v—. 11. Un gros nez, une g— lèvre, des arbres g—, une aiguille et une épingle g—. 12. Un étui complet, une boîte c—, des assortiments c—, un an et un jour c—. 13. Un livre précieux, des médailles p—, des métaux p—. 14. Un mur épais, des forêts é—, une fumée é—, une barbe et une chevelure é—. 15. Un long bâton, des lectures l—, des cheveux l—, des bras et des doigts l—.

SEPTIÈME EXERCICE.

Accorder les adjectifs avec les noms auxquels ils se rapportent.

1. Un regard doux, des manières d—, des maîtres d—, une humeur d—, une figure et un caractère d—. 2. Du pain sec, une poire s—, des fruits s—, des feuilles s—, l'écorce et le bois s—. 3. Un faux rapport, une f— sortie, des bruits f—, la barbe et le nez f—. 4. Un fonctionnaire public, une place p—, des établissements p—, une bibliothèque et un musée p—. 5. Un nez droit, une ligne d—, des angles d—, une rue et un chemin d—. 6. Une casquette et un chapeau neuf. 7. Une cuisine et un salon chaud. 8. Une promesse et un serment léger. 9. Une conversation et une tenue original. 10. Une table et un plat rond. 11. Un moulin et une route communal. 12. Une histoire et un conte original. 13. L'ignorance et la sottise présomptueux. 14. L'étoile et le soleil brillant. 15. La semaine et le mois pluvieux. 16. Les chambres et les cabinets loué. 17. La tête et les pieds froid. 18. La lame et le manche remplacé. 19. Une fille et un garçon obéissant. 20. Les plumes et les crayons perdu. 21. La rivière et le ruisseau desséché. 22. Une pensée et une action généreux. 23. La modiste et la couturière diligente. 24. Les pinsons et les merles jaseur. 25. Les prières et les cantiques pieux.

RÉCAPITULATION GÉNÉRALE

SUR L'ACCORD DES ADJECTIFS (1).

PRIÈRE A DIEU, A LA VUE DES MERVEILLES DE LA TERRE.

(Extrait de Fénélon.)

1 O *m*— Dieu! si tant d'hommes ne vous découvrent pas dans *c*— *b*— spectacle que vous leur donnez de *l*— nature *entier*, ce n'est pas que vous soyez loin de chacun de nous. 2. Chacun de nous vous touche comme avec *l*— main; mais *l*— sens et *l*— passions qu'ils excitent emportent *tout* —application de —esprit. 3. Ainsi, Seigneur, *v*— lumière luit dans *l*— ténèbres et *l*— ténèbres sont si *épais* qu'elle ne la comprennent pas; vous vous montrez partout, et partout *l*— hommes *distrait* négligent de vous apercevoir. 4. *Tout* *l*— nature parle de vous et retentit de *v*— *saint* nom, mais elle parle à *d*— sourds dont *l*— surdité vient de ce qu'ils s'étourdissent toujours eux-*même*. 5. Vous êtes auprès d'eux et au-dedans d'eux; mais ils sont *fugitif* et *errant* hors d'eux-*même*. 6. Ils vous trouveraient, ô *doux* lumière, ô *éternel* beauté, toujours *ancien* et toujours *nouveau*, ô fontaine *d*— *chaste* délices, ô vie *pur* et bien *heureux* de tous ceux qui vivent véritablement, s'ils vous cherchaient au-dedans d'eux-*même!* mais *l*— impies ne vous perdent qu'en se perdant. 7. Hélas! *v*— dons, qui leur montrent *l*— main d'où ils viennent, les amusent jusqu'à les empêcher de la voir; ils vivent de vous et ils vivent sans penser à vous, ou plutôt ils meurent auprès de *l*— vie, faute de s'en nourrir; car *quel* mort n'est-ce point que de vous ignorer. 8. Ils s'endorment dans *v*— sein *tendre* et *paternel*; et, *plein* de songes *trompeur*, qui les agitent pendant *leur* sommeil, ils ne sentent pas *l*— main *puissant* qui les porte. 9. Si vous étiez *u*— corps *stérile*, *impuissant* et *inanimé*, *tel* qu'*u*— fleur qui se flétrit, *u*— rivière qui coule, *u*— maison qui va tomber en ruine, *u*—

(1) On donnera ce morceau à apprendre par cœur aux élèves et on leur dira de faire connaître les adjectifs qui s'y trouvent et pourquoi ils s'écrivent de telle ou telle manière.

tableau qui n'est qu'*u*— amas de couleurs *divers* pour frapper —imagination, ou *u*— métal *inutile* qui n'a qu'*un* peu d'éclat, ils vous apercevraient et vous attribueraient follement *l*— puissance de leur donner *quelque* plaisir, quoiqu'en effet *l*— plaisir ne puisse venir *d*— choses *inanimé* qui ne l'ont pas et que vous en soyez *l*— source *unique*. 10. Levez-vous, Seigneur, levez-vous; qu'à *v*— face *v*— ennemis fondent comme *l*— cire et s'évanouissent comme *l*— fumée. Malheur à —âme *impie* qui, loin de vous, est sans Dieu, sans espérance, sans *éternel* consolation! 11. Déjà *heureux* celle qui vous cherche, qui soupire et qui a soif de vous! mais pleinement *heureux* celle sur qui réjaillit *l*— lumière de *v*— force, dont *v*— main a essuyé *l*— larmes et dont *v*— amour a déjà comblé *l*— désirs! Quand sera-ce, Seigneur? 12. O *beau* jour sans nuage et sans fin, dont vous serez vous-même *l*— soleil, et où vous coulerez au travers de *m*— cœur comme *u*— torrent de félicités! 13. A *c*— *doux* espérance, *m*— os tressaillent et s'écrient : Qui est *semblable* à vous! 14. *M*— cœur se fond et ma chair tombe en défaillance, ô Dieu de *m*— cœur et *m*— *éternel* portion.

RÉCAPITULATION (suite).

LE CYGNE.

(Extrait de Buffon.)

1. *L*— grâces de *l*— figure, *l*— beauté de *l*— forme, répondent dans *l*— cygne à *l*— douceur *d*— naturel. 2. Il plaît à *tout l*— yeux, il décore, embellit *tout l*— lieux qu'il fréquente; on l'aime, on l'applaudit, on l'admire; *nul* espèce ne le mérite mieux; *l*— nature en effet n'a répandu sur *aucun* autant de *c*— grâces *noble* et *douce* qui nous rappellent —idée de *s*— plus *charmant* ouvrages. 3. Coupe de corps *élégant*, formes *arrondi*, *gracieux* contours, blancheur *éclatant* et *pur*, mouvements *flexible* et *ressenti*, attitudes tantôt *animé*, tantôt *laissé* dans un *mol* abandon, tout dans *l*— cygne respire *l*— volupté, —enchantement qui nous font éprouver *l*— grâce et *l*— beauté, tout nous l'annonce, tout le peint comme l'oiseau de —amour, tout

justifie *l*— *spirituel* et *riant* mythologie d'avoir donné ce *charmant* oiseau pour père à *l*— plus *beau* des mortelles (1). 4. A *s*— *noble* aisance, à *l*— facilité, *l*— liberté de *s*— mouvements sur —eau, on doit le reconnaître non-seulement comme *l*— *premier d*— navigateurs *ailés*, mais comme *l*— plus *beau* modèle que *l*— nature nous ait offert pour —art de *l*— navigation. 5. *S*— cou *élevé* et sa poitrine *relevé* et *arrondi* semblent en effet *l*— proue *d*— navire fendant —onde; *s*— *large* estomac en représente *l*— carène; *s*— corps *penché* en avant pour cingler, se redresse à l'arrière et se relève en *poupe*; *l*— queue est *u*— *vrai* gouvernail. 6. *L*— pieds sont de *larges* rames, et s— *grand* ailes, *demi-ouvert a*— vent et doucement *enflée* sous *d*— voiles qui poussent *l*— vaisseau *vivant*, navire et pilote à *l*— fois. 7. *Fier* de *s*— noblesse, *jaloux* de *s*— beauté, *l*— cygne semble faire parade de *tous s*— avantages; il a —air de chercher à recueillir *d*— suffrages, à captiver *l*— regards. 7. Il les captive en effet, soit que, voguant en troupe, on le voit de loin, *au* milieu *d*— *grand* eaux, cingler *l*— flotte *ailé*, soit que, s'en détachant et se rapprochant *d*— rivage *a*— signaux qui l'appellent, il vient se faire admirer de plus près en étalant *s*— beautés, développant *s*— grâces par *mille* mouvements, *doux*, *ondulants* et *suaves*. (Histoire naturelle de Buffon.)

QUATORZIÈME LEÇON.

DU PRONOM.

NOTIONS THÉORIQUES.

1. Le pronom est un mot qui sert, comme le nom, à désigner une personne ou une chose, afin d'éviter la répétition du *nom proprement dit*.

2. Par exemple, au lieu de dire : *Quand* Louis *travaillera,* Louis *ne sera plus puni*, Louis *recevra même une récompense*, phrase dans laquelle le mot Louis est répété trois

(1) Hélène fille, suivant la fable de *Léda et d'un Cygne*.

fois, on fait usage du mot IL de cette manière : *Quand Louis travaillera,* IL *ne sera plus puni,* IL *recevra même une récompense.* Ce mot IL est un pronom, parce qu'il remplace deux fois LOUIS, qui est le nom proprement dit.

3. On ne peut pas remplacer un nom par un pronom quelconque.

4. Il faut considérer dans l'emploi des pronoms : la personne, le genre et le nombre des noms qu'ils représentent.

4. Par le mot PERSONNE on entend le rôle que joue un nom dans le discours par rapport à l'acte de la parole.

5. On dit qu'un nom est de la *première personne,* s'il désigne l'orateur (celui qui parle) ; il est de la *deuxième personne,* s'il désigne l'auditeur (celui à qui l'on parle) ; il est de la *troisième personne,* s'il désigne celui ou ce dont on parle.

6. Les pronoms qui sont toujours de la première personne, sont : 1° pour le singulier : *je, me, moi* ; 2° pour le pluriel : *nous.*

7. Les pronoms qui sont toujours de la deuxième personne, sont : 1° pour le singulier : *tu, te, toi* ; 2° pour le pluriel : *vous.*

8. Les pronoms qui sont toujours de la troisième personne, sont : 1° pour le masculin singulier : *il, le, lui* ; 2° pour le féminin singulier : *elle, la* ; 3° pour le masculin pluriel : *ils, eux* ; 4° pour le féminin pluriel : *elles* ; 5° pour le singulier des deux genres : *soi* ; 6° pour le pluriel des deux genres : *les, leurs* ; 7° pour les deux genres et les deux nombres : *se.*

9. Le pronom *qui* est tantôt de la première, de la deuxième et de la troisième personne. De tous les pronoms qui se trouvent dans ce cas, c'est le plus important à connaître.

10. Le pronom *qui* est de la première, de la deuxième ou de la troisième personne, suivant qu'il est précédé d'un pronom de la première, de la deuxième ou de la troisième personne. Il est encore de la troisième personne : 1° s'il est précédé d'un nom dont il tient la place ; 2° s'il est placé au commencement d'une phrase.

11. Les autres pronoms de la troisième personne sont : *que, dont, lequel, le mien, le tien,* etc. Enfin, tout mot

qui tient lieu du nom proprement dit de la personne ou de la chose dont on parle.

APPLICATIONS.

1re SÉRIE.

Exercices de vive voix.

PREMIER EXERCICE.

Rechercher les pronoms qui se trouvent dans les phrases ci-dessous.

1. Charles a été puni parce qu'il a désobéi à son père. — 2. Louise ne mange pas ; elle a du chagrin d'avoir perdu sa belle image. — 3. Les rivières fertilisent les pays qui sont sur leur parcours. — 4. Voilà le livre que votre père a demandé. — 5. Prête ton livre à Félix et donne-lui ton cahier. — 6. Lucien et Jean dirent à Paul : Nous irons te voir la semaine prochaine. — 7. Marie disait à Louis : Ne me contrarie pas ainsi. — 8. Le maître disait à son élève : Conduis-toi comme il faut. — 9. Hector dit un jour à Philippe : Regarde-moi sauter pardessus cette barrière. — 10. Voici une pomme, donne-la à Paul. — 11. Un homme modeste parle rarement de soi. — 12. Julie, tenez-vous tranquille. — 13. Charles se dissipe extrêmement. — 14. Un procès a été intenté à vos frères et à vos sœurs : Me André plaidera pour elles, et Me Ernest pour eux. — 15. Quand le jardinier aura cueilli les fruits, sa femme les vendra.

DEUXIÈME EXERCICE.

Indiquer quels sont les pronoms qui se trouvent dans les phrases suivantes et dire de quelle personne, de quel genre et de quel nombre ils sont.

1. Alfred dit à Charles : tu ne sais pas courir. — 2. Dieu dit à Jacob : je bénirai ta race. — 3. Etienne, écoute-moi bien. — 4. Mon enfant, conduis-toi de façon à mériter les éloges de tes parents et de tes maîtres. — 5. Léon, charge-moi de cette commission. — 6. Mon père passait dans la rue, Emile aussitôt courut à lui. — 7. Votre père se plaint, mon cher ami, de votre paresse. — 8. L'élève qui corrige attentivement ses devoirs, est digne d'éloges. — 9. Lisez les livres qui renferment des histoires instructives. — 10. Les

petits oiseaux que de méchants enfants avaient dénichés, sont tous morts. — 11. Mon père assure que la lecture ne le fatigue pas : elle me délasse, au contraire, dit-il. — 12. Vos parents sont-ils entrés chez eux ? — 13. Ma tante disait à ma marraine : quand votre neveu viendra chez moi, dites à votre fils de venir avec lui. — 14. Le commissaire a demandé au voyageur ses papiers, il les lui a présentés. — 15. Félix a plus de mémoire que Julien, mais Julien est plus réfléchi que lui.

TROISIÈME EXERCICE.

Même sujet.

1. Un homme susceptible s'offense pour un mot, pour un geste. — 2. Pauvre travailleur, le bon Dieu ne t'abandonnera pas dans la maladie. — 3. Vous désiriez ce livre, mon cher Auguste, votre excellent frère vous l'offre. — 4. Lucien dit un jour à Paul : tu m'étonnes par tes progrès ; Paul répliqua sur-le-champ : tu m'attristes par ta paresse. — 5. Voyez-vous cette belle gravure, ma petite Louise ? vous l'aurez si vous savez bien votre leçon. — 6. Un ballon peut s'élever à plusieurs mille mètres. — 7. Cet enfant s'entête : sa mère a beau le punir, il ne l'écoute pas, il s'obstine à faire le plus mal possible. — 8. Dieu a dit à l'homme : tu aimeras ton prochain comme toi-même, et tu m'honoreras comme ton créateur et souverain Maître. — 9. La trompe de l'éléphant jouit d'une merveilleuse flexibilité : il l'élève et l'abaisse et la contourne de toutes les façons. — 10. Un enfant doit s'appliquer à bien comprendre les explications de son professeur. — 11. Un sot trouve toujours un plus sot qui l'admire. — 12. La vue des malheureux blessés m'inspire une profonde pitié.

QUATRIÈME EXERCICE.

Chercher les pronoms qui se trouvent dans les phrases suivantes, en indiquant quel en est le nombre, le genre et la personne, et pourquoi.

1. Le chapitre cinquième de ce livre est celui qui m'a le plus amusé. — 2. Votre père, qui est venu me voir, m'a donné un bon conseil que j'ai suivi avec raison. — 3. Un

jour beaucoup d'entre vous pourront dire : le temps que je regrette est le temps qui n'est plus. — 4. Les personnes dont le monde dit le plus de mal ne sont pas toujours aussi noires qu'il les représente. — 5. Ceux qui font tort à leur prochain sont tenus de le réparer avant de mourir. — 6. Voici une rose et une tulipe; laquelle préférez-vous ? — 7. Avez-vous retenu les paroles évangéliques auxquelles M. le curé a fait allusion ? — 8. Connaissez-vous l'ouvrage dans lequel se trouve cette histoire ? — 9. Savez-vous la raison sur laquelle je m'appuie pour établir mon opinion ? — 10. Voici deux liqueurs : de laquelle voulez-vous ? — 11. Vous avez deux façons de vous conduire : l'une qui vous méritera l'estime des gens de bien, l'autre qui vous attirera honte et persécution : à laquelle donnez-vous la préférence ? — 12. Voici des fruits sains et des fruits dont le suc est un poison violent : desquels voulez-vous goûter ? — 13. Connaissez-vous la règle au moyen de laquelle je résous ce problème ? — 14. Connaissez-vous la ville où est né Henri IV ? Cette ville s'appelle Pau. — 15. Le gazon sur lequel nous marchons est mouillé. — 16. Voulez-vous que je vous dise à quoi vous devez penser le plus ? A faire exactement ce que vos parents et vos maîtres vous commandent.

CINQUIÈME EXERCICE.

Même sujet que le précédent.

1. Caïn et Abel n'avaient pas les mêmes goûts : celui-ci aimait à faire paître un troupeau dans la campagne, celui-là préférait aller à la chasse dans les forêts. — 2. Votre sœur est plus petite que la mienne, mais celle-ci est plus instruite que celle-là. — 3. La terre et la lune sont deux planètes : celle-ci tourne autour de celle-là. — 4. Avez-vous entendu parler de César et de Charlemagne : celui-là conquit la Gaule, celui-ci régna sur presque toute l'Europe. — 5. Les Français et les Anglais sont les deux premières nations de l'Europe : ceux-ci ont une aptitude extrême pour le commerce et l'industrie, ceux-là n'ont point de rivaux dans les arts et les belles-lettres. — (1) 6. Enfants étourdis, combien

(1) Le moniteur dira aux élèves que les mots *ce*, *ceci*, *cela*, *qui*, *que*, etc., ont un sens indéterminé toutes les fois qu'ils ne se rapportent pas à un nom ou à un pronom ou à un membre de phrase.

de fois votre maître ne vous dit-il pas : faites ceci, ne faites pas cela. — 7. Promettre et tenir sont deux, peu de personnes tiennent compte de cela. — 8. Jeunes élèves, retenez bien ceci : point de travail, point de succès. — 9. Moïse dit aux Hébreux en leur donnant connaissance du Décalogue : « Voici ce que Jéhovah vous ordonne. » — 10. Ne crois pas, mon ami, que l'homme franc soit tenu de dire absolument ce qu'il pense ; il doit simplement penser ce qu'il dit. — 11. Ce qui contrarie un bon maître, c'est d'être obligé de punir. — 12. Ce qui se comprend bien s'énonce clairement. 13. Ne faites pas à votre prochain ce que vous ne voudriez pas qu'on vous fît. — 14. Un roi détrôné disait : de ma grandeur passée, voilà ce qui me reste. — 15. Recevez avec reconnaissance les conseils de ceux qui loin de vous rien demander se sacrifient pour vous.

SIXIÈME EXERCICE.

Indiquer quels sont les pronoms qui se trouvent dans les phrases suivantes, en faire connaître le genre, le nombre et la personne. Distinguer l'objet possédé du possesseur.

1. Jules, voici un livre, donnez le vôtre à Charles. — 2. Le Rhône prend sa source en Suisse, la Seine a la sienne en France même. — 3. Un prétendu sorcier prédit à un homme que son enterrement aurait lieu après le sien, mais le contraire arriva. — 4. Un homme prudent est moins préoccupé des affaires d'autrui que des siennes. — 5. Le devoir des maîtres est de commander et de donner le bon exemple, le nôtre (on parle des élèves) est d'obéir sans murmurer. — 6. Le caractère de Paul est souple et enjoué, le sien (on parle de Jules) est rétif et morose. — 7. Mes amis, allons au secours de ces pauvres incendiés ; aux efforts des pompiers, joignons les nôtres. — 8. Charles ne connaît pas ton adresse, mais il connaît la mienne (c'est Louis qui parle). — 9. Vos sœurs ont oublié leurs ciseaux, dites aux ouvrières de prêter un instant les leurs à ces demoiselles. — 10. Emile a annoncé à Jules que l'instituteur corrigerait son devoir, quand il aurait vu le sien. — 11. Ma chère Héloïse, quand tu auras fini ton tricot, veuille bien voir le mien (c'est Fanny qui parle). — 12. Les impies n'ont de

pensées que pour les choses terrestres, les croyants n'occupent les leurs que du ciel et de Dieu. — 13. Félix a les mains toujours blanches, mais Jérôme a constamment les siennes malpropres. — 14. Le berger a coupé la laine à un de ses moutons, il ne laissera sans doute pas la leur aux autres têtes de son troupeau. — 15. Un homme pieux doit dire au Seigneur : mon Dieu, je soumets ma volonté à la vôtre.

SEPTIÈME EXERCICE.

Indiquer quels sont les pronoms qui se trouvent dans les phrases suivantes, en faire connaître le genre et le nombre, et, autant que possible, quels sont les noms qu'ils remplacent.

Signification des pronoms employés dans les phrases ci-dessous (1).

On, signifie l'homme, le monde, une personne qu'on ne désigne pas nominativement; — QUELQU'UN, QUELQU'UNE, signifient un homme, une personne, un être; — CHACUN, CHACUNE, signifient un homme quel qu'il soit, une personne quelle qu'elle soit; — QUI QUE CE SOIT, signifie n'importe quel homme (quelle personne); — QUOI QUE CE SOIT, signifie n'importe quelle chose; — L'UN, L'UNE, signifient celui-ci, celle-ci, une des personnes ou des choses dont on vient de parler; — LES UNS, LES UNES, signifient ceux-ci, celles-ci, c'est-à-dire les personnes ou les choses dont on vient de parler en dernier lieu; — L'AUTRE, signifie celui-là, celle-là, c'est-à-dire la personne ou la chose dont on a parlé d'abord; — LES AUTRES, signifient ceux-là, celles-là, les personnes ou les choses dont on a parlé d'abord; — L'UN, L'AUTRE, signifient l'un par l'autre; — L'UN ET L'AUTRE, signifient tous les deux à la fois; — AUTRUI, désigne tout le monde, excepté la personne qui parle; — TEL, TELLE, signifient tantôt une personne, tantôt une chose qu'on ne précise pas, c'est-à-dire à volonté; — TANT, TOUS, indiquent la totalité; — PLUSIEURS, signifie un nombre assez considérable; — NUL, NULLE, signifient pas un, pas une; — AUCUN, AUCUNE,

(1) On fera lire plusieurs fois ces explications aux élèves.

signifient également pas un, pas une (personne ou chose); — PERSONNE. signifie pas un homme; — RIEN, signifie pas une chose, absence complète.

HUITIÈME EXERCICE.

1. Nul n'est prophète en son pays. — 2. Quiconque cherchera le mal récoltera la honte et le désespoir. — 3. On racontera à Jules une histoire s'il est bien sage. — 4. Chacun veut avoir des amis. — 5. Quiconque se plaint veut être consolé. — 6. Où l'un voit des chardons, l'autre aperçoit des roses. — 7. Faites à autrui du bien, pour qu'on soit bon pour vous. — 8. Tel qui rit vendredi, dimanche pleurera. — 9. Personne n'est content de son sort. — 10. Rien n'égale la blancheur du lys. — 11. Tout est pour le mieux dans ce bas monde, dit l'homme heureux; tout est au pis, dit l'infortuné. — 12. Mes chers amis, nous voici tous réunis en famille. — 13. Dans cette maison on ne s'entend guère : l'un veut travailler, l'autre préfère s'amuser. — 14. Voyez-vous ces deux enfants, l'un est actif, l'autre paresseux; l'un deviendra savant, l'autre restera ignorant toute sa vie. — 15. Mon oncle a dit à sa bonne qui ne voulait pas ouvrir : qui que ce soit, laissez entrer. — 16. En fait de livres, ne lit pas indifféremment quoi que ce soit.

NEUVIÈME EXERCICE.

Indiquer les différents sens des imprimés en italique ou en petites capitales.

Remarques (1) :

1° Le pronom [illegible] e, *m'*, signifie *moi* ou *à moi*. Ainsi, je me gouverne [illegible] gouverne *moi*, tandis que je m'achèterai [illegible] nifie j'achèterai *à moi* un couteau, et [illegible] n couteau;

[illegible] signifie tantôt *toi*, tantôt *à toi*. Ainsi, [illegible] regarde *toi*; mais celle-ci, je te

[illegible] ces remarques aux élèves avant de [illegible] rès.

donnerai un livre, signifie *à toi* je donnerai un livre, et non pas un livre je donnerai *toi* ;

3° Le pronom *se, s'*, signifie tantôt soi-même, tantôt à soi-même, tantôt à eux-mêmes. Ainsi, *Il se promène*, signifie : Il soi-même promène ; *Il se refuse le nécessaire*, signifie : Il *à soi-même* refuse le nécessaire, et non pas : Il *soi-même* refuse le nécessaire ; *Ils se connaissent*, signifie : Ils connaissent *eux-mêmes* ; *Ils se font du tort*, signifie : Ils font du tort *à eux-mêmes* ;

4° Le pronom *vous* signifie quelquefois *nous*, quelquefois *à vous*. Ainsi, *Pierre nous oblige*, signifie : Pierre *oblige nous-mêmes*, mais *Pierre nous doit cent francs*, signifie : Pierre doit à *nous-mêmes* cent francs, et non pas : Pierre doit *nous-mêmes* cent francs ;

5° Le pronom *vous* signifie tantôt vous-mêmes, tantôt il est mis pour à vous-mêmes. *Dieu vous voit*, signifie : Dieu voit vous-mêmes ; mais : *Il vous accorde ses bienfaits*, signifie : Il accorde *à vous-mêmes* ses bienfaits, et non : Il accorde *vous-mêmes* ses bienfaits ;

6° Le pronom *lui* signifie *à lui*, à cette personne ; le pronom *leur* signifie *à eux, à elles*. *Je lui donne ma montre*, signifie : Je *à cette personne* donne ma montre, et non : Je cette personne donne ma montre, car cela ne voudrait rien dire. De même, cette phrase : *Ces personnes sont très-honnêtes, je leur accorderai ma confiance*, signifie : Ces personnes sont très-honnêtes, je *à elles* accorderai ma confiance, et non pas : Je *elles* accorderai, etc. ;

7° Le pronom *en* signifie *de cela*. *Voilà des pommes, mangez-en*, signifie donc : voilà des pommes, mangez *de cela* ;

8° Le pronom *y* signifie *à cela*, *en cela*. *J'ai un travail difficile, mais je m'y applique consciencieusement*, signifie donc : j'ai un travail difficile, mais je m'applique *à cela* consciencieusement.

---

1. Je *me* repens d'avoir manqué à mes devoirs. — 2. Auguste M'a promis de venir *nous* voir. — 3. Le maître ME donnera des conseils. — 4. André, cette tâche *te* concerne. — 5. Ne *te* presse pas trop de finir ta page. — 6. Emile TE

dictera cette pièce de vers. — 7. Le garde-champêtre T'enseignera la route pour aller au château. — 8. Victor *se* plaint d'avoir des leçons trop longues. — 9. Julie *s*'est donné beaucoup de mal pour soigner sa mère. — 10. Mon Dieu, pardonnez-NOUS nos offenses. — 11. Quand votre congé sera commencé, NOUS a dit notre excellent oncle, venez *nous* voir. — 12. Un méchant homme voulait *vous* frapper, lorsqu'un militaire a pris votre défense. — 13. Votre tante a promis de vous garder votre part du dessert. — 14. Paul, tâchez de *vous* tenir décemment, sinon le surveillant vous intimera l'ordre de sortir. — 15. Votre frère *vous* attend au parloir, allez LUI parler. — 16. Paul a vu votre sœur et LUI a donné de vos nouvelles. — 17. Vos parents sont en ville, Etienne LEUR a fait passer une lettre. — 18. Les troupes ennemies ont franchi le fleuve, une nombreuse armée LEUR fera payer cher cette témérité. — 19. Julie n'aime pas les fruits, mais Louis N'EN a jamais assez. — 20. Les leçons sont importantes, les élèves EN ont profité. — 21. La foire de Beaucaire sera fort suivie cette année, votre père s'Y rendra. — 22. Ce livre est plein de renseignements précieux, j'Y ai puisé cette anecdote.

APPLICATIONS.

2e SÉRIE.

Exercices par écrit.

On fera analyser par écrit, sur le cahier ou sur le tableau noir, les cinq ou six premières phrases de chaque exercice. — On ne fera analyser que les noms, les adjectifs et les pronoms.

QUINZIÈME LEÇON.

DU VERBE.

PREMIÈRE PARTIE.

NOTIONS THÉORIQUES.

1. Le mot *est* dans cette phrase, *la terre* EST *ronde*, sert à faire connaître que la manière d'être exprimée par le mot *ronde* est attribuée à la terre.

2. Dans cette phrase : *La terre tourne*, le mot *tourne* sert à faire connaître l'action attribuée à la terre.

3. Les mots *est* et *tourne* sont appelés *verbes*.

4. Il en résulte que le verbe est un mot au moyen duquel on attribue à un sujet telle ou telle manière d'être ou d'agir (1).

5. Quand je dis : *L'oiseau vole*, j'exprime en terme plus concis cette idée : *L'oiseau est volant*, c'est-à-dire que l'action, la manière d'agir indiquée par le mot *volant* est attribuée à oiseau. De même, lorsque je dis : *Jésus-Christ est Dieu*, j'exprime, j'affirme que l'idée qu'éveille le mot *Dieu* convient à Jésus-Christ.

6. Le mot *attribuer* signifie établir, affirmer, exprimer que telle ou telle manière d'être ou d'agir convient à tel ou tel sujet, c'est-à-dire à la personne ou à la chose que l'on a en vue.

7. Le sujet d'un verbe est le mot auquel on attribue l'état ou l'action exprimée par le verbe. Il répond à l'une de ces questions *qui est-ce qui?* ou *qu'est-ce qui?* qu'on place devant le verbe.

8. Dans cette phrase : *Louis joue*, le verbe est joue. Donc, en cherchant la réponse à cette question *qui est-ce qui joue?* on trouvera le sujet du verbe, *Louis*.

9. Dans cette phrase : *La pluie tombe*, le verbe est tombe; donc, si je fais cette question *qui est-ce qui tombe?* je trouverai le sujet du verbe, *pluie*.

(1) Quelquefois le verbe est employé d'une manière vague sans indication de sujet, tel est le verbe *parler* dans cette phrase : le maître a défendu de *parler* haut. Notre définition n'en est pas moins exacte, car il est évident qu'une action est toujours faite ou *supposée faite* par quelqu'un, que ce soit un être réel ou un être de raison.

APPLICATIONS.

1re SÉRIE.

Exercices de vive voix.

PREMIER EXERCICE.

DU SUJET.

Dire à quoi servent les objets dont les noms se trouvent ci-dessous.

Le soleil	Un soufflet	Un étau	L'œil
Une boule	Le sel	Un livre	Une cheminée
Une toupie	La bougie	Une couverture	Le pistolet
La béquille	Une rivière	Les lunettes	Le sommeil
Une montre	L'arrosoir	Le rasoir	Une pointe
Un ciseau	Les balances	La violette	L'oreille
Une clé	Une vrille	Un pressoir	Le blé
Le pain	Un bouchon	Le miroir	Le papillon
L'eau	Le mastic	Le vin	L'encre
Le feu	Le marteau		

DEUXIÈME EXERCICE.

Dire l'action principale des personnes désignées dans la liste ci-dessous.

Le tourneur	L'imprimeur	Le sculpteur	Le spéculateur
Le peintre	Le boiteux	Le soldat	Le moraliste
Le forgeron	Le marin	Le malade	Le jardinier
Le maçon	Le fabricant	Le filou	Le babillard
Le tisserand	Le comédien	Le coupeur	Le ministre
Le meunier	Le changeur	L'orgueilleux	Le copiste
Le tapissier	Le chantre	L'ouvrier	Le médisant
L'escamoteur	Le mineur		

TROISIÈME EXERCICE.

Indiquer les actions principales des animaux dont la liste est ci-dessous.

Les chiens	Les poissons	Les vers à soie	Les huîtres
Les chats	Les canards	Les taupes	Les marmottes
Les bœufs	Les renards	Les cochons	Les frêlons
Les ânes	Les singes	Les serpents	Les rats
Les chevaux	Les fourmis	Les chacals	Les chèvres
Les loups	La cigale	Les perroquets	Les lions
Les oiseaux	Les hérons	Les hirondelles	Les sauterelles
Les reptiles	Les abeilles		

QUATRIÈME EXERCICE.

Indiquer pour quel usage on emploie les objets dont la liste est ci-dessous.

Une plume	Un rabot	Un peigne	Un mouchoir
Un couteau	Une boîte	Une herse	Une vis
Une scie	Une aiguille	Une bêche	Une chaîne
Une lime	Un polissoir	Une faucille	Une prison
Une échelle	Un four	Un pinceau	Une sonnette
Une corde	Un creuset	Un broyeur	Un réveil
Une hache	Un observatoire	Un dévidoir	Un belvédère
Une pompe	Une pioche		

CINQUIÈME EXERCICE.

Dire à quelle classe d'êtres ou d'objets appartiennent ceux dont les noms sont ci-dessous.

1° Quand on parle d'une seule personne ou d'un seul objet, on emploie *est.* — Ex. : Charles est un élève. — Une armoire est un meuble ;

2° Quand on parle de plusieurs personnes ou de plusieurs choses, on dit *sont.* — Ex. : Les maisons sont des logements. — Les Français sont des Européens.

1. *Un manteau* est..... 2. *Charlemagne* était..... 3. *Les vers* sont..... 4. *Le fer* est..... 5. *Le pommier* est..... 6. *La couleuvre* est..... 7. *La Seine* est..... 8. *Newton* était..... 9. *La scie* est..... 10. *Le perroquet* est..... 11. *Jacob* était..... 12. *Pharaon* était..... 13. *Goliath* était..... 14. *Samuel* était..... 15. *Les pigeons* sont..... 16. *Les fantassins* sont..... 17. *Les Philistins* étaient..... 18. *Les ânes* sont..... 19. *Sem, Cham et Japhet* étaient..... 20. *L'humilité, la charité, la douceur* sont..... 21. *Les Pyrénées* sont..... 22. *Les champignons* sont..... 23. *Cicéron et Démosthènes* furent..... 24. *Richelieu et Mazarin* furent..... 25. *Le mont Hécla et le Vésuve* sont..... 26. *La Méditerranée et l'Adriatique* sont..... 27. *La paresse et le mensonge* sont..... 28. *Le violon et la flûte* sont..... 29. *La terre et la lune* sont.....

SIXIÈME EXERCICE.

Indiquer quels sont les verbes contenus dans les phrases suivantes.

1. Charles étudie sa leçon. — 2. On donne le nom d'argile à une terre grasse, compacte, qui se délaie dans l'eau et durcit au feu. — 3. Le génie industriel de l'homme a tiré du sein de la terre le fer, l'or, le cuivre, le marbre, etc. — 4. Nos verres et nos bouteilles, les vitrages de nos fenêtres sont du sable fondu. — 5. Le fusain sert à calquer et à tracer des esquisses légères. — 6. On tire de la tige du lin une filasse douce et moelleuse. — 7. Le lin est l'écorce d'une plante du même nom. — 8. L'asperge est originaire de l'Asie. — 9. L'éléphant se sert de sa trompe comme d'une main. — 10. Le groin du sanglier a reçu le nom de boutoir. — 11. Les cochons déterrent les truffes avec leur groin. — 12. L'éclair est le précurseur du tonnerre. — 13. Les paratonnerres préservent les édifices de la foudre. — 14. On a remarqué que la foudre ne tombe guère sur les arbres résineux. — 15. Le limaçon craint la sécheresse et le froid. — 16. Les hannetons dévorent les fleurs des arbres à fruits. — 17. Le plombier façonne le plomb. — 18. Le poêlier fait et pose des poêles, des calorifères, etc. — 19. La gravure s'exécute en creux ou en relief. — 20. Le monnayeur donne l'empreinte à la monnaie au moyen d'un balancier. — 21. Le meunier réduit le grain en farine avec son moulin, que le vent ou le fleuve met en mouvement. — 22. Le charcutier est ainsi nommé parce qu'il vend de la chair cuite. — 23. Le brasseur fabrique la bière. — 24. Un refroidissement trop subit peut causer une fluxion de poitrine. — 25. La pleurésie s'annonce par une douleur de côté. — 26. On entend par combustible, ce qui peut servir au chauffage. — 27. Le vin doit être pris en petite quantité et étendu de beaucoup d'eau. — 28. On appelle comestible ce qui peut se manger. — 29. Les tasses à café se posent sur une soucoupe. — 30. On se trompe grossièrement en confondant un gobelet avec un verre. — 31. Le garde-cendre empêche la cendre de se répandre dans l'appartement. — 32. Le sarment lié en petits faisceaux fait des javelles. — 33. Dans

beaucoup de maisons on brûle des mottes de tan, de mûrs d'olives, etc. — 34. La braise du boulanger s'allume plus vite que du charbon. — 35. Beaucoup d'appartements se chauffent avec un poêle.

SEPTIÈME EXERCICE.

Indiquer dans les phrases suivantes les verbes et les sujets.

1. Le travail préserve d'une foule de désagréments. — . Le hibou se cache. — 3. La table est brisée. — 4. Le rossignol chante dans les lieux solitaires. — 5. Les présomptueux ne doutent de rien. — 6. La paresse use plus que la rouille. — 7. Le vieillard se repose. — 8. Le chien garde le troupeau. — 9. Les joueurs meurent souvent dans la misère. — 10. Les méchants redoutent la vérité. — 11. Le chat guette la souris. — 12. La peur lui fit perdre la tête. — 13. La prudence est mère de sûreté. — 14. Les mauvais plaisants se font de nombreux ennemis. — 15. Abdel-Kader a long-temps lutté contre la France. — 16. Les arbres élevés attirent la foudre. — 17. L'émulation double les forces. — 18. De nombreuses rivières arrosent la France. — 19. Christophe Colomb a découvert l'Amérique, et Gutemberg a inventé l'imprimerie. — 20. Les vers à soie se métamorphosent en papillons. — 21. De nombreux insectes détruisent les plantes. — 22. Les huîtres s'attachent aux rochers. — 23. Henri Mondeux faisait de tête des calculs très-difficiles. — 24. Jésus-Christ ressuscita trois jours après sa mort. — 25. — Les télégraphes électriques transmettent les nouvelles avec une rapidité merveilleuse. — 26. Un métier vaut un fonds de terre.

HUITIÈME EXERCICE.

Indiquer quels sont les sujets des verbes compris dans les phrases ci-dessous.

1. Le cheval court, il trotte et galope. — 2. Émilie lit le matin, elle écrit le soir. — 3. La marmotte dort pendant l'hiver, elle s'éveille au printemps. — 4. L'eau du torrent s'écoule dans la vallée. — 5. L'homme vit des dépouilles des animaux, les habitants de la terre, de la mer et des eaux y contribuent tour à tour. — 6. On a fait élargir le

canal pour que les navires entrent plus facilement dans le port. — 7. Le blé jaunit quand il est suffisamment mûr. — 8. Les métaux se dilatent par la chaleur, la terre glaise au contraire se rétrécit. — 9. Les végétaux se couvrent de feuilles au printemps; ils les perdent quand arrive l'hiver. — 10. Quand le loup est trop affamé, il parcourt la campagne. — 11. Le calomniateur ment impudemment, mais les honnêtes gens n'ajoutent pas facilement foi à ses paroles. — 12. Je ne parais pas aussi jeune que votre frère. — 13. Tu ne dis pas tout ce que tu sais. — 14. Vous savez sans doute l'histoire sainte. — 15. Nous connaissons peu l'histoire ancienne. — 16. Laquelle de vous, mesdemoiselles, a terminé sa broderie? — 17. On polit le diamant avec sa propre poudre. — 18. Qui de vous, Messieurs, a fait le plus de progrès cette semaine? — 19. L'escamoteur a fait des tours dont nous avons été émerveillés.

NEUVIÈME EXERCICE.

Rechercher les sujets des verbes dans les phrases ci-dessous.

1. Je chante ces beaux cantiques avec émotion. — 2. Je dédaigne les injures des gens mal élevés. — 3. Tu liras cette histoire à tes parents. — 4. Tu ignores les principes du calcul. — 5. Tu obtiendras des prix si tu travailles. — 6. Il jouit d'une santé florissante. — 7. Il s'impose de grands sacrifices pour ses enfants. — 8. Je me lève à six heures. — 9. Je fais promptement ma toilette. — 10. Je me mets immédiatement à genoux. — 11. Je remercie le bon Dieu des bienfaits dont il me comble. — 12. Je lui demande pardon de mes fautes. — 13. Je me mets ensuite au travail. — 14. Tu te lèves tard. — 15. Tu fais lentement ta toilette. — 16. Tu ne t'agenouilles pas tous les matins. — 17. Tu ne remercies pas le bon Dieu des bienfaits dont il te comble. — 18. Tu ne travailles qu'à contre-cœur. — 19. Tu chantes et il pleure. — 20. Tu danses et il dort. — 21. Tu bois et il mange. — 22. Nous lisons, vous écrivez. — 23. Nous méditons, quand vous vous amusez. — 24. Nous applaudissons et vous sifflez. — 25. Vous limerez et nous polirons. — 26. Il amassait, quand vous dissipiez. — 27. Nous inventons, ils perfectionnent.

NEUVIÈME EXERCICE *bis*.

1. Nous produisons, ils achètent. — 2. Vous parlerez, nous écouterons. — 3. Nous nous évitons, ils se cherchaient. — 4. Tu te vantes, nous nous humilions. — 5. Je jouais, ils pariaient. — 6. Tu perds, moi je gagne. — 7. L'œil perçoit les contours, l'oreille saisit les sons. — 8. Il s'ennuie, elle se récrée. — 9. Le loup et le renard n'ont pas le même cri : celui-ci glapit, celui-là hurle. — 10. L'eau et le feu sont ennemis l'un de l'autre : celle-là mouille, celui-ci dessèche. — 11. Emile et Louis vont en voyage : celui-ci passe en Amérique, celui-là se rend en Afrique. — 12. Mélanie et Charles vous donnent de leurs nouvelles : celui-ci se porte bien, celle-là souffre de la gorge. — 13. Les Esquimaux et les Patagons sont deux peuples assez singuliers : ceux-ci sont d'une taille au-dessus de la moyenne, ceux-là sont, au contraire, très-petits. — 14. On vous a raconté l'histoire du petit Poucet. — 15. On conserve les œufs dans de la cendre. — 16. Quand le dîner fut fini, chacun se retira de son côté.

DIXIÈME EXERCICE.

Rechercher les sujets des verbes qui se trouvent dans les phrases ci-dessous.

1. On appelle testament l'acte par lequel une personne exprime ses dernières volontés. — 2. Peu de personnes reconnaissent franchement leurs torts. — 3. Aucun des élèves n'a manqué à l'appel. — 4. Tel s'enorgueillit impudemment de sa fortune devant les misérables sans songer à sa condition antérieure, tel autre dissimule hypocritement ses richesses pour ne pas faire l'aumône. — 5. Quiconque s'élève sera abaissé. — 6. Nul n'est exempt de la mort. — 7. Plusieurs assistent au lever du soleil, mais tous ne verront pas le lendemain. — 8. Chaque âge a ses plaisirs. — 9. Beaucoup rient du bout des lèvres, mais leur cœur est plein d'amertume. — 10. On n'est pas toujours jeune. — 11. Personne n'a déployé plus de désintéressement que ce ministre. — 12. Une multitude d'oiseaux chanteurs habitent ces parages. — 13. La plupart des enfants sont distraits. —

14. Rien ne réjouit le cœur comme une bonne action. — 15. Assez de gens s'abusent sur leur mérite. — 16. On assure que certains serpents émigrent. — 17. Vous avez trouvé votre livre, le mien n'est pas encore trouvé.

ONZIÈME EXERCICE.

Indiquer le sujet commun des verbes qui se trouvent dans chacune des phrases ci-dessous.

1. Le paresseux boit, mange et dort ou bâille toute la journée. — 2. Nos parents nous nourrissent, nous habillent, nous instruisent et nous protégent. — 3. Le soleil éclaire la terre et la réchauffe. — 4. Le vin rétablit et fortifie la santé. — 5. La mort effraie les méchants et console les justes opprimés. — 6. Les conquérants pillent, tuent, brûlent, dévastent et désolent tout sur leur passage. — 7. Le tailleur taille, coud, ourle et raccommode nos effets. — 8. Le forgeron forge, lime et polit les métaux. — 9. Les perroquets sifflent, parlent, chantent et gesticulent d'une façon ridicule. — 10. Le jardinier sème, plante, sarcle, bêche, taille, cueille et récolte. — 11. Un pauvre homme priait, pleurait et gémissait de la façon la plus attendrissante.

DOUZIÈME EXERCICE.

Dire quels sont dans les phrases suivantes les divers sujets de chaque verbe.

1. Paul, Jacques et Jean travaillent et s'amusent toujours ensemble. — 2. La terre, Saturne, Jupiter et Vénus tournent autour du soleil. — 3. Les femmes, les enfants, les vieillards et les infirmes abandonnèrent la ville assiégée. — 4. Ni l'or ni la grandeur ne nous rendent heureux. — 5. Le fer, le plomb, le cuivre et l'étain sont les métaux les plus utiles. — 6. Cinq drapeaux, mille fusils, trois canons, des caissons, des fourrages tombèrent au pouvoir de l'ennemi. — 8. Turenne, Condé, Villars commandaient les armées de Louis XIV; Colbert et Louvois gouvernaient sous son nom; Mignard, Poussin, Le Brun, Vernet décoraient ses musées; Lenôtre, Perrault, Lescot, Philibert, de Lorme, Mansard dessinaient ses palais; Bossuet, Fénélon,

Bourdaloue, Massillon instruisaient ses enfants; Racine, La Fontaine, Boileau, Molière immortalisaient son règne par d'incomparables chefs-d'œuvre. — 9. Paul et vous prendrez la voiture, tandis que Jules et moi marcherons à pied. — 10. Vous et nous pensons de la même manière sur ce point. — 11. Elle et sa sœur se promènent dans le parc. — 12. Ceux-ci et ceux-là se maltraitent sans rémission. — 13. Le tien et le mien diviseront toujours ce pauvre monde. — 14. La France, l'Angleterre et le Piémont se liguèrent dernièrement contre la Russie. — 15. Vous et moi terminerons ce travail. — 16. Trois et deux font cinq. — 17. La musique et le dessin sont deux arts d'agrément fort importants. — 18. Le latin, le grec et l'hébreux sont les trois langues anciennes les plus étudiées. — 19. La foi, l'espérance et la charité sont appelées vertus théologales. — 20. Joseph et Marie élevèrent le petit Jésus. — 21. L'eau et le vin mélangés forment un breuvage excellent. — 22. Le pour et le contre sont plaidés tour à tour par cet étrange ergoteur. — 23. Le Louvre et les Tuileries ont été réunis sous le règne de Napoléon III.

TREIZIÈME EXERCICE.

Rechercher les sujets des verbes qui se trouvent dans les phrases ci-dessous.

1. Celui qui met un frein à la fureur des flots, confond, quand il le veut, l'orgueil des hommes. — 2. Ceux qui travaillent sont généralement gais et bien portants. — 3. Celui qui court deux lièvres à la fois, ne remplit pas vite sa gibecière. — 4. Tel voit une paille dans l'œil de son prochain, qui n'aperçoit pas une poutre dans le sien. — 5. Tel qui rit vendredi, dimanche pleurera. — 6. Ces histoires sont bien touchantes, mais la première est celle qui me plaît le plus. 7. Voici les personnes qui vous ont demandé. — 8. Vous m'aviez demandé des gravures, en voici qui m'ont paru très-belles. — 9. Ceux qui entendent le moins raillerie, sont généralement ceux-là même qui s'emportent pour la plus légère plaisanterie. — 10. Les insectes qui s'attachent à la queue et aux boutons des roses sont des pucerons.

— 11. La pluie qui se glace en arrivant sur la terre s'appelle verglas. — 12. Un calorifère est un grand poêle qui porte la chaleur dans plusieurs parties d'une maison. — 13. Les bons élèves sont ceux qui méritent le moins de reproches. — 14. Les mauvaises habitudes sont des tyrans qui ne laissent ni paix ni trêve à ceux qui ne leur résistent pas énergiquement.

QUATORZIÈME EXERCICE.

Distinguer parmi les mots soulignés ceux qui marquent un état de ceux qui indiquent une action.

1. Cet enfant *ronfle* quand il *est endormi*. — 2. Votre beau bouquet qui *sentait* si bon est *flétri*. — 3. Nos soldats en *repoussant* l'ennemi sont *morts* sur le champ de bataille. — 4. Le maître d'hôtel nous a *servi* des légumes qui *étaient trop cuits*. — 5. Jésus *est mort* en pardonnant à ses bourreaux. — 6. Ces personnes *seront convaincues* quand vous leur *aurez parlé*. — 7. Vos paroles *ont convaincu* ces personnes qui *étaient si obstinées* dans leur erreur. — 8. Henri IV, qui *était protestant*, se *fit baptiser* après le siége de Paris. — 9. Les enfants qui *sont gâtés* par leurs parents ne *font* jamais grand'chose qui *vaille*. — 10. Les élèves qui *s'amuseront* pendant la classe *seront punis*. — 11. Les pirates *s'étant approchés* de la côte *firent* une descente et ne se *retirèrent* qu'après *avoir pillé* plusieurs maisons. — 12. Quand le jeune Tobie *fut* de retour chez son père, il lui *rendit* la vue. — 13. Il faut que votre père *soit bien indulgent*, puisqu'il ne vous *a pas puni* pour votre dernière escapade. — 14. Si les méchants enfants *savaient* quel chagrin *ils font* à leur mère par leur mauvaise conduite, *ils en seraient honteux*. — 16. Balthasar *fut massacré* par Cyrus, qui *détourna* l'Euphrate de son cours pour *s'emparer* de Babylone. — 17. Les Druides *étaient* les prêtres des Gaulois; ils *célébraient* leur culte dans les forêts. — 18. Joseph *expliqua* les songes à Pharaon, quand ce prince se *fut assuré* qu'aucun de sa cour n'*était capable* d'en *comprendre* le sens. — 19. L'homme charitable *est* la providence des malheureux qui *implorent* sa pitié.

QUINZIÈME EXERCICE.

Dire quels sont, parmi les mots soulignés, ceux qui sont des noms et ceux qui sont des verbes.

1. J'ai lu l'épitaphe inscrite sur cette *tombe*.... La pluie *tombe* depuis deux heures. — 2. Je *marche* vite.... Avez-vous entendu jouer la nouvelle *marche* que le chef de musique du régiment a composée. — 3. J'ai ouvert la *porte*.... Ton frère *porte* sur son dos sans fléchir un très-lourd fardeau. — 4. J'ai mangé ma *soupe* avec appétit.... Demain ton père *soupe* chez nous. — 5. Il faut souvent à celui qui *commande* plus de talent qu'à celui qui obéit.... Ce marchand vous a expédié votre dernière *commande*. — 6. La *lyre* est un instrument à cordes.... Peu de personnes savent bien *lire*. — 8. Je *bourre* mon fusil.... Nous demeurons depuis longtemps dans ce petit *bourg*. — 9. Julien *court* dans la *cour* comme un écervelé. — 10. Veuillez terminer votre *devoir* promptement.... Rien n'est plus désagréable que de *devoir* de l'argent. — 12. Je dois vous faire *savoir* que le *savoir* sans la probité ne mène jamais loin. — 13. Je *crois* que Jésus-Christ est mort sur la *croix* et qu'il est ressuscité le troisième jour. — 14. Je *plie* et ne romps pas.... La couturière a fait un faux *pli* à la robe de cette dame. — 15. Les *pompes* ont fonctionné avec succès pour éteindre cet incendie.... La chaleur du soleil *pompe* l'humidité de la terre. — 17. La cuisinière *plume* la volaille et en conserve soigneusement les *plumes*. — 18. Je *tremble* comme la feuille de *tremble* agitée par le vent.

SEIZIÈME EXERCICE.

Distinguer les verbes des adjectifs parmi les mots soulignés dans les phrases de cet exercice.

1. Paris est une des plus *belles* villes du monde..... La brebis *bêle* pour appeler son agneau égaré. — 2. Il faut toujours *tendre* vers la perfection..... Prenez garde de faire jamais pleurer, par une conduite irrégulière, votre mère si *tendre* et si dévouée. — 3. Etienne est plus *jeune* que Rodolphe..... M. le Curé *jeûne* tous les dimanches pour dire la grand'messe. — 4. On ne doit pas se *fier* au premier venu

inconsidérément..... Ce campagnard est ridiculement *fier* depuis qu'il s'est enrichi. — 5. Ne soyez jamais *dur* envers le pauvre monde..... La crise *dure* depuis longtemps. — 6. On trouve dans Corneille plusieurs vers *sublimes*..... Cette substance se *sublime* par le refroidissement. — 7. Votre frère est un jeune homme fort *poli*..... On *polit* les vases en cuivre avec de l'émeri. — 8. Le soldat *rebelle* a été sévèrement puni; s'il se *rebelle* encore, on le cassera de son grade. — 9. *Son* amitié pour moi, *son* dévouement *sont* des titres suffisants à ma reconnaissance. — 10. Cet homme est *indigne* de l'intérêt que vous lui portez. — 11. Je m'*indigne* en voyant les airs insolents des fripons enrichis. — 12. Ces livres sont *pleins* de détails curieux..... Je *plains* l'homme qui ne sait que faire de ses dix doigts. — 13. Ces marchands sont *contents* en *comptant* le soir ce qu'ils ont gagné pendant la journée. — 14. Lorsque Noé put mettre le pied sur la terre *ferme*, il offrit un sacrifice au Seigneur..... Je *ferme* ma porte à double tour pour n'être pas distrait par d'oisifs importuns.

SEIZIÈME LEÇON.

CONJUGAISON.

PREMIÈRE PARTIE.

NOTIONS THÉORIQUES.

1. Le verbe s'accorde avec son sujet, *nom* ou *pronom*, en **nombre** et en **personne**.

2. La même forme du verbe s'emploie soit avec un sujet féminin, soit avec un sujet masculin.

3. On dira indifféremment, par exemple, *Charles* DORT ou *Charlotte* DORT.

4. Si le sujet d'un verbe est du nombre singulier, le verbe s'écrira au singulier. Ex. : *Le rosier* FLEURIRA. — Si le sujet d'un verbe est du nombre pluriel, le verbe s'écrira au pluriel. Ex. : *Les rosiers* FLEURIRONT.

5. Le verbe varie encore suivant le **temps** et le **mode** que l'on veut indiquer.

6. *Je chantai*, indique un **temps passé;** *je chante*, indique un **temps présent;** *je chanterai*, indique un **temps futur** ou à venir.

7. On entend par modes dans les verbes le degré, la nuance de l'affirmation qu'ils expriment.

8. On peut affirmer un fait plus ou moins catégoriquement. Ainsi, on peut l'affirmer comme indubitable : *La terre* TOURNE, ou conditionnellement : *Si vous vouliez travailler, vous vous* INSTRUIRIEZ.

9. On peut encore affirmer un fait sous la forme d'un ordre : TRAVAILLEZ ! ou faire entendre qu'il est subordonné à un autre fait : *Il est juste que les enfants* SOIENT *soumis à leurs parents;* enfin, on peut présenter un fait d'une façon vague, indéfinie : *Je vous ai entendu* PARLER.

10. Il résulte des explications précédentes qu'il y a cinq modes, savoir : *l'indicatif, le conditionnel, l'impératif, le subjonctif et l'infinitif.*

DEUXIÈME PARTIE.

APPLICATIONS.

PREMIER EXERCICE.

Dire quel temps (passé, présent ou futur) expriment les verbes employés dans les phrases ci-dessous.

1. Dieu a créé le ciel et la terre en six jours. — 2. Dieu nous voit. — 5. Jésus-Christ a dit : Le ciel et la terre passeront, mais mes paroles ne passeront point. — 4. Les jours se suivent et ne se ressemblent pas. — 5. Après notre mort, nous serons jugés sur nos bonnes et nos mauvaises actions. — 6. On triomphe de toutes les difficultés par un travail intelligent et persévérant. — 7. Les plus belles découvertes sont dues au hasard. — 8. Paul, un jour tu seras grand et tu regretteras le temps que tu perds chaque jour. — 9. Jésus dit à ses disciples : je ressusciterai trois jours après ma mort. — 10. Le vent souffle avec violence. — 11. Nous

nous pardonnons tout et rien aux autres. — 12. Le bon fils prie Dieu pour ses parents. — 13. Les chemins de fer et la télégraphie électrique ont pour ainsi dire supprimé la distance. — 14. L'action combinée du soleil et de la lune sur l'Océan produit le phénomène des marées. — 15. Nul homme ne connaît l'heure de sa mort. — 16. César, après la bataille de Pharsale, écrivit cette lettre célèbre : Je suis venu, j'ai vu, j'ai vaincu. — 17. Joseph était fils de Jacob. — 18. Dieu défendit à Adam de toucher aux fruits de l'arbre de la science du bien et du mal. — 19. Le bien d'autrui ne désireras ni retiendras injustement. — 20. Les mauvais livres corrompent le cœur des jeunes gens. — 21. Pharaon reconnut l'innocence de Joseph. — 22. Le souvenir du bien que vous aurez fait charmera plus tard votre vieillesse. — 23. Un tiens vaut mieux que deux tu l'auras. — 24. Vous n'apprendrez rien, car vous passez à jouer le temps que vous devriez employer à étudier. — 25. Dieu ne nous a pas donné l'existence pour que nous en fassions un mauvais usage.

DEUXIÈME EXERCICE.

Dire quel nombre et quelle personne indiquent les verbes employés dans les phrases ci-dessous.

NOTA. Les verbes qui ont pour sujet **il, elle** ou **ils, elles** ou un **nom** sont de la *troisième personne ;* ceux qui ont pour sujet **tu** ou **vous** sont de la *deuxième personne ;* ceux qui ont pour sujet **tu** ou **nous** sont de la *première personne.*

1. La modération dans les désirs rend le cœur content. — 2. Chacun se dit ami, mais fou qui s'y repose. — 3. On n'aime pas les gens qui parlent toujours d'eux-mêmes. — 4. La vérité épouvante le criminel. — 5. Je vous prie de venir me voir. — 6. Il convient de ses torts. — 7. Vous ne paraissez pas fatigué. — 8. Le sel empêche les aliments de se corrompre. — 9. La faim fait sortir le loup du bois. — 10. Vous m'accusez d'ingratitude, moi qui vous écrivis cette lettre de remercîments non équivoques. — 11. Cet homme de bien, lui qui se sacrifia continuellement pour les autres, est mort oublié et pour ainsi dire abandonné. — 12. Votre père nous a donné cette idée, il a droit à notre reconnais-

sance. — 13. Vous qui murmurez sans cesse, vous mériteriez une bonne leçon. — 14. Personne ne protesta contre l'élection de ce député. — 15. J'éprouvai une nouvelle douleur en apprenant vos malheurs, moi qui suis déjà si affligé par la mort récente de mon meilleur ami. — 16. Toi qui te crois si fort, pourrais-tu simplement rester un quart-d'heure suspendu par les bras à cette corniche? — 17. Soyez béni, vous qui nous avez tendu la main dans l'infortune. — 18. Nous qui critiquons si légèrement le travail d'autrui, nous oublions de combien d'indulgence nous avons besoin nous-mêmes. — 19. Ceux qui ont le plus de prétentions ne sont pas toujours ceux qui ont le plus de mérite.

TROISIÈME EXERCICE.

Indiquer à quel mode sont employés les verbes qui se trouvent dans les phrases ci-dessous (1).

1. La vérité me plaît. — 2. Le jour n'est pas plus pur que le fond de mon cœur. — 3. Cette demoiselle serait une jeune personne capable, si elle avait reçu une instruction plus complète. — 4. Je serais à présent fort riche, si je n'avais pas gaspillé ma fortune. — 5. Mon père vous donnera d'excellents renseignements. — 6. Quand j'aurai fini cette page, j'irai déjeuner. — 7. Travaillez pendant que vous êtes jeunes : le temps perdu ne se répare jamais.

Nota. Reprendre le premier et le deuxième exercice et indiquer à quel mode sont les verbes qui s'y trouvent.

SEIZIÈME LEÇON.

DU VERBE (suite).

PREMIÈRE PARTIE.

NOTIONS THÉORIQUES.

1. La connaissance de *deux verbes modèles* donne celle de presque tous les autres verbes dans leurs temps simples.

2. On entend par temps simples ceux dans lesquels il

(1) On pourra passer cet exercice, sauf à y revenir lorsque les élèves connaîtront la conjugaison.

n'entre que le verbe seulement. Ex. : *J'aime, j'aimais, j'aimerai*, etc.

3. On les appelle ainsi par opposition aux temps composés, qui se conjuguent avec un verbe auxiliaire.

4. On entend par verbes auxiliaires les verbes *être* et *avoir*. Tout autre verbe s'appelle *verbe attributif*.

5. Les verbes *être* et *avoir* sont dits verbes auxiliaires parce qu'ils forment concurremment avec le participe passé des autres verbes certains temps qu'on appelle pour cela temps composés. Ex. : *J'ai aimé, je suis aimé, je serai aimé*, etc.

6. Dans ces expressions, on remarque d'une part le verbe auxiliaire, *j'ai, je suis, je serai*, puis le participe passé, *aimé*, du verbe que l'on conjugue.

CONJUGAISON DU VERBE AUXILIAIRE *AVOIR*.

1. MODE INDICATIF.

Temps présent.

NOMBRE SINGULIER.		NOMBRE PLURIEL.	
1re *personne*,	j'ai.	1re *personne*,	nous avons.
2e *personne*,	tu as.	2e *personne*,	vous avez.
3e *personne*,	il a.	3e *personne*,	ils ont.

VERBE AUXILIAIRE *AVOIR*.

2. MODE INDICATIF.

1er passé, dit imparfait.

NOMBRE SINGULIER.		NOMBRE PLURIEL.	
1re *personne*,	j'avais.	1re *personne*,	nous avions.
2e *personne*,	tu avais.	2e *personne*,	vous aviez.
3e *personne*,	il avait.	3e *personne*,	ils avaient.

VERBE AUXILIAIRE *AVOIR*.

3. MODE INDICATIF.

2e passé, dit passé défini.

NOMBRE SINGULIER.		NOMBRE PLURIEL.	
1re *personne*,	j'eus.	1re *personne*,	nous eûmes.
2e *personne*,	tu eus.	2e *personne*,	vous eûtes.
3e *personne*,	il eut.	3e *personne*,	ils eurent.

VERBE AUXILIAIRE *AVOIR*.

4.

MODE INDICATIF.

2e passé, dit passé indéfini.

NOMBRE SINGULIER.	NOMBRE PLURIEL.
1re *personne*, j'ai eu.	1re *personne*, nous avons eu.
2e *personne*, tu as eu.	2e *personne*, vous avez eu.
3e *personne*, il a eu.	3e *personne*, ils ont eu.

VERBE AUXILIAIRE *AVOIR*.

5.

MODE INDICATIF.

4e passé, dit passé antérieur.

NOMBRE SINGULIER.	NOMBRE PLURIEL.
1re *personne*, j'eus eu.	1re *personne*, nous eûmes eu.
2e *personne*, tu eus eu.	2e *personne*, vous eûtes eu.
3e *personne*, il eut eu.	3e *personne*, ils eurent eu.

VERBE AUXILIAIRE *AVOIR*.

6.

MODE INDICATIF.

5e passé, dit plus-que-parfait.

NOMBRE SINGULIER.	NOMBRE PLURIEL.
1re *personne*, j'avais eu.	1re *personne*, nous avions eu.
2e *personne*, tu avais eu.	2e *personne*, vous aviez eu.
3e *personne*, il avait eu.	3e *personne*, ils avaient eu.

VERBE AUXILIAIRE *AVOIR*.

7.

MODE INDICATIF.

1er temps futur, dit futur simple.

NOMBRE SINGULIER.	NOMBRE PLURIEL.
1re *personne*, j'aurai.	1re *personne*, nous aurons.
2e *personne*, tu auras.	2e *personne*, vous aurez.
3e *personne*, il aura.	3e *personne*, ils auront.

VERBE AUXILIAIRE *AVOIR*.

8.

MODE INDICATIF.

2e temps futur, dit futur composé.

NOMBRE SINGULIER.	NOMBRE PLURIEL.
1re *personne*, j'aurai eu.	1re *personne*, nous aurons eu.
2e *personne*, tu auras eu.	2e *personne*, vous aurez eu.
3e *personne*, il aura eu.	3e *personne*, ils auront eu.

DEUXIÈME PARTIE.

APPLICATIONS.

Indiquer le temps, le mode et la personne des verbes soulignés.

1. La terre *a* la forme d'une boule. — 2. Le corbeau *avait* dans son bec un fromage. — 3. C'est moi qui *ai* votre livre. — 4. C'est votre frère qui *eut* la croix la semaine dernière. — 5. Quand j'*avais* une meilleure santé, je ne me plaignais pas. — 6. Votre sœur *aura* le prix de mémoire. — 7. Au dix mars prochain, Louis *aura eu* cinq ans. — 8. J'*ai eu* toutes les peines du monde à réussir. — 9. Il ne faut pas *avoir* les impies pour amis. — 10. Les Druides *avaient* une grande influence parmi les Gaulois. — 11. Dès que Joseph *eut* la confiance de Pharaon, il songea à faire venir son père en Egypte. — 12. Si votre père *avait eu* connaissance de votre conduite si imprudente, il vous aurait tiré de ce mauvais pas. — 13. Dès que les zouaves *eurent* l'ennemi face à face, ils fondirent sur lui avec un élan extraordinaire. — 14. Nous *aurons* soin de vos fleurs pendant votre absence. — 15. Vous *aviez* tout ce qu'il fallait pour réussir : si vous n'avez pas eu de succès, n'en accusez donc que votre paresse.

SEIZIÈME LEÇON (suite).

CONJUGAISON DU VERBE AUXILIAIRE *AVOIR* (suite).

1. 2e MODE, DIT MODE CONDITIONNEL.

Temps présent.

NOMBRE SINGULIER.	NOMBRE PLURIEL.
1re *personne,* j'aurais.	1re *personne,* nous aurons.
2e *personne,* tu aurais.	2e *personne,* vous aurez.
3e *personne,* il aurait.	3e *personne,* ils auront.

VERBE AUXILIAIRE *AVOIR*.

2. 2e MODE, DIT MODE CONDITIONNEL.

Temps passé. — 1re forme.

NOMBRE SINGULIER.		NOMBRE PLURIEL.	
1re *personne*,	j'aurais eu.	1re *personne*,	nous aurions eu.
2e *personne*,	tu aurais eu.	2e *personne*,	vous auriez eu.
3e *personne*,	il aurait eu.	3e *personne*,	ils auraient eu.

VERBE AUXILIAIRE *AVOIR*.

3. 2e MODE, DIT MODE CONDITIONNEL.

Temps passé. — 2e forme.

NOMBRE SINGULIER.		NOMBRE PLURIEL.	
1re *personne*,	j'eusse eu.	1re *personne*,	nous eussions eu.
2e *personne*,	tu eusses eu.	2e *personne*,	vous eussiez eu.
3e *personne*,	il eût eu.	3e *personne*,	ils eussent eu.

VERBE AUXILIAIRE *AVOIR*.

4. 3e MODE, DIT MODE IMPÉRATIF.

Temps présent.

NOMBRE SINGULIER.		NOMBRE PLURIEL.	
1re *personne*	(il n'y en a pas).	1re *personne*,	ayons.
2e *personne*,	aie.	2e *personne*,	ayez.
3e *personne*	(il n'y en a pas).	3e *personne*	(il n'y en a pas).

SEIZIÈME LEÇON (suite).

VERBE AUXILIAIRE *AVOIR* (suite).

1. 4e MODE, DIT MODE SUBJONCTIF.

Temps présent.

NOMBRE SINGULIER.		NOMBRE PLURIEL.	
1re *personne*,	que j'aie.	1re *personne*,	que nous ayons.
2e *personne*,	que tu aies.	2e *personne*,	que vous ayez.
3e *personne*,	qu'il ait.	3e *personne*,	qu'ils aient.

2. **On dit aussi pour le futur.**

NOMBRE SINGULIER.	NOMBRE PLURIEL.
1re *personne*, que j'aie.	1re *personne*, que nous ayons.
2e *personne*, que tu aies.	2e *personne*, que vous ayez.
3e *personne*, qu'il ait.	3e *personne*, qu'ils aient.

VERBE AUXILIAIRE *AVOIR*.

3. 4e MODE, DIT MODE SUBJONCTIF.

1er temps passé ou passé proprement dit.

NOMBRE SINGULIER.	NOMBRE PLURIEL.
1re *personne*, que j'aie eu.	1re *pers.*, que nous ayons eu.
2e *personne*, que tu aies eu.	2e *pers.*, que vous ayez eu.
3e *personne*, qu'il ait eu.	3e *pers.*, qu'ils aient eu.

VERBE AUXILIAIRE *AVOIR*.

4. 4e MODE, DIT MODE SUBJONCTIF.

2e temps passé, dit passé antérieur.

NOMBRE SINGULIER.	NOMBRE PLURIEL.
1re *personne*, que j'eusse eu.	1re *pers.*, que nous eussions eu.
2e *personne*, que tu eusses eu.	2e *pers.*, que vous eussiez eu.
3e *personne*, qu'il eût eu.	3e *pers.*, qu'ils eussent eu.

VERBE AUXILIAIRE *AVOIR*.

5. 5e MODE, DIT MODE INFINITIF.

Temps présent.	**Temps futur.**
Avoir.	Avoir.

Temps passé.

Avoir eu.

VERBE AUXILIAIRE *AVOIR*.

6. FORME PARTICIPE.

Participe présent,	**Participe passé.**
Ayant.	Eu, ayant eu,

DEUXIÈME PARTIE.

APPLICATIONS (suite).

DEUXIÈME EXERCICE.

Analyser les verbes soulignés dans les phrases suivantes :

1. Si votre devoir était terminé, vous *auriez* le temps d'aller à la promenade. — 2. *J'aurais* une place à votre disposition, si vous m'aviez prévenu que vous vouliez aller à ce concert. — 3. Nous *aurions* de ses nouvelles, s'il avait écrit la semaine dernière. — 4. Tu *aurais eu* cette place, si tu avais pu fournir un certificat de capacité. — 5. Ils *auraient eu* de la peine à réussir, si votre frère n'était venu à leur aide. — 6. *Ayez* soin d'arriver à l'heure, si vous voulez être bien placé. — 7. *Aie* toujours présent à l'esprit cette vérité : L'oisiveté est la mère de tous les vices. — 8. *Ayons* toujours pour les vieillards le respect et l'obligeance que nous voudrions qu'on *eût* pour nous, si nous *avions* leur expérience et leurs infirmités. — 9. Il faut que ce monsieur *ait* une grande fortune pour mener un si grand train. — 10. Je désire que vous *ayez* une tenue plus convenable en classe. — 11. Il faut que tu *aies* des torts bien graves pour t'être attiré ces reproches. — 12. Il eût été à désirer que vous *eussiez eu* ce renseignement, si vous aviez fait ce voyage. — 13. J'*aurais eu* moins de sévérité, s'il *eût eu* plus de douceur et de soumission. — 14. Quelque difficulté qu'il y *ait* à remplir ses obligations, on ne doit reculer devant aucun sacrifice. — 15. Votre maître *a eu* toute la patience qu'il pouvait *avoir*. — 16. *Ayant* tous les moyens de réussir, vous seriez bien coupable, si vous ne profitiez point de ces rares avantages pour vous faire une position. — 17. *Ayant eu* connaissance de cette vente, votre frère s'y est rendu et a conclu une excellente affaire.

DIX-SEPTIÈME LEÇON.

ÉTUDE DU VERBE AUXILIAIRE *ÊTRE.*

VERBE AUXILIAIRE *ÊTRE.*

1. 1er MODE, DIT MODE INDICATIF.

Temps présent.

NOMBRE SINGULIER.	NOMBRE PLURIEL.
1re *personne*, je suis.	1re *personne*, nous sommes.
2e *personne*, tu es.	2e *personne*, vous êtes.
3e *personne*, il est.	3e *personne*, ils sont.

VERBE AUXILIAIRE *ÊTRE.*

2. 1er MODE, DIT MODE INDICATIF.

1er temps passé, dit imparfait.

NOMBRE SINGULIER.	NOMBRE PLURIEL.
1re *personne*, j'étais.	1re *personne*, nous étions.
2e *personne*, tu étais.	2e *personne*, vous étiez.
3e *personne*, il était.	3e *personne*, ils étaient.

VERBE AUXILIAIRE *ÊTRE.*

3. 1er MODE, DIT MODE INDICATIF.

2e passé, dit passé défini.

NOMBRE SINGULIER.	NOMBRE PLURIEL.
1re *personne*, je fus.	1re *personne*, nous fûmes.
2e *personne*, tu fus.	2e *personne*, vous fûtes.
3e *personne*, il fut.	3e *personne*, ils furent.

VERBE AUXILIAIRE *ÊTRE.*

4. 1er MODE, DIT MODE INDICATIF.

3e temps passé, dit passé indéfini.

NOMBRE SINGULIER.	NOMBRE PLURIEL.
1re *personne*, j'ai été.	1re *personne*, nous avons été.
2e *personne*, tu as été.	2e *personne*, vous avez été.
3e *personne*, il a été.	3e *personne*, ils ont été.

VERBE AUXILIAIRE *ÊTRE.*

5. 2e MODE, DIT MODE INDICATIF.

4e passé, dit passé antérieur.

NOMBRE SINGULIER.	NOMBRE PLURIEL.
1re *personne*, j'eus été.	1re *pers.*, nous eussions été.
2e *personne*, tu eus été.	2e *personne*, vous eussiez été.
3e *personne*, il eut été.	3e *personne*, ils eussent été.

VERBE AUXILIAIRE *ÊTRE.*

6. 1er MODE, DIT MODE INDICATIF.

5e passé, dit plus-que-parfait.

NOMBRE SINGULIER.	NOMBRE PLURIEL.
1re *personne*, j'avais été.	1re *personne*, nous avions été.
2e *personne*, tu avais été.	2e *personne*, vous aviez été.
3e *personne*, il avait été.	3e *personne*, ils avaient été.

VERBE AUXILIAIRE *ÊTRE.*

7. 1er MODE, DIT MODE INDICATIF.

1er temps futur, dit futur simple.

NOMBRE SINGULIER.	NOMBRE PLURIEL.
1re *personne*, je serai.	1re *personne*, nous serons.
2e *personne*, tu seras.	2e *personne*, vous serez.
3e *personne*, il sera.	3e *personne*, ils seront.

VERBE AUXILIAIRE *AVOIR.*

8. 1er MODE, DIT MODE INDICATIF.

2e temps futur, dit futur antérieur.

NOMBRE SINGULIER.	NOMBRE PLURIEL.
1re *personne*, j'aurai été.	1re *personne*, nous aurons été.
2e *personne*, tu auras été.	2e *personne*, vous aurez été.
3e *personne*, il aura été.	3e *personne*, ils auront été.

DIX-SEPTIÈME LEÇON (suite).

CONJUGAISON DU VERBE AUXILIAIRE *ÊTRE* (suite).

1. 2e MODE, DIT MODE CONDITIONNEL.

Temps présent.

NOMBRE SINGULIER.	NOMBRE PLURIEL.
1re *personne*, je serais.	1re *personne*, nous serions.
2e *personne*, tu serais.	2e *personne*, vous seriez.
3e *personne*, il serait.	3e *personne*, ils seraient.

VERBE AUXILIAIRE *ÊTRE*.

2. 2e MODE, DIT MODE CONDITIONNEL.

Temps passé. — 1re forme.

NOMBRE SINGULIER.	NOMBRE PLURIEL.
1re *personne*, j'aurais été.	1re *personne*, nous aurions été.
2e *personne*, tu aurais été.	2e *personne*, vous auriez été.
3e *personne*, il aurait été.	3e *personne*, ils auraient été.

VERBE AUXILIAIRE *ÊTRE*.

3. 2e MODE, DIT MODE CONDITIONNEL.

Temps passé. — 2e forme.

NOMBRE SINGULIER.	NOMBRE PLURIEL.
1re *personne*, j'eusse été.	1re *pers.*, nous eussions été.
2e *personne*, tu eusses été.	2e *pers.*, vous eussiez été.
3e *personne*, il eût été.	3e *pers.*, ils eussent été.

VERBE AUXILIAIRE *ÊTRE*.

4. 3e MODE, DIT IMPÉRATIF.

NOMBRE SINGULIER.	NOMBRE PLURIEL.
1re *personne* (il n'y en a pas).	1re *personne*, soyons.
2e *personne*, sois.	2e *personne*, soyez.
3e *personne* (il n'y en a pas).	3e *personne* (il n'y en a pas.)

DIX-SEPTIÈME LEÇON (suite).

CONJUGAISON DU VERBE AUXILIAIRE *ÊTRE* (suite).

1. 4e MODE, DIT MODE SUBJONCTIF.

Temps présent.

NOMBRE SINGULIER.	NOMBRE PLURIEL.
1re *personne*, que je sois.	1re *personne*, que nous soyons.
2e *personne*, que tu sois.	2e *personne*, que vous soyez.
3e *personne*, qu'il soit.	3e *personne*, qu'ils soient.

VERBE AUXILIAIRE *ÊTRE*.

2. 4e MODE, DIT MODE SUBJONCTIF.

1er temps passé, dit imparfait.

NOMBRE SINGULIER.	NOMBRE PLURIEL.
1re *personne*, que je fusse.	1re *pers.*, que nous fussions.
2e *personne*, que tu fusses.	2e *pers.*, que vous fussiez.
3e *personne*, qu'il fût.	3e *pers.*, qu'ils fussent.

VERBE AUXILIAIRE *ÊTRE*.

3. 4e MODE, DIT MODE SUBJONCTIF.

2e temps passé ou passé proprement dit.

NOMBRE SINGULIER.	NOMBRE PLURIEL.
1re *personne*, que j'aie été.	1re *pers.*, que nous ayons été.
2e *personne*, que tu aies été.	2e *pers.*, que vous ayez été.
3e *personne*, qu'il ait été.	3e *pers.*, qu'ils aient été.

VERBE AUXILIAIRE *ÊTRE*.

4. 4e MODE, DIT MODE SUBJONCTIF.

3e temps passé, dit plus-que-parfait.

NOMBRE SINGULIER.	NOMBRE PLURIEL.
1re *personne*, que j'eusse été.	1re *pers.*, que nous eussions été
2e *personne*, que tu eusses été	2e *pers.*, que vous eussiez été.
3e *personne*, qu'il eût été.	3e *pers.*, qu'ils eussent été.

VERBE AUXILIAIRE *ÊTRE*.

5. 5e MODE, DIT MODE INFINITIF.

Temps présent.	**Temps passé.**
Être.	Été, avoir été.

6. FORME PARTICIPE.

Présent.	**Passé.**
Étant.	Été.

DIX-SEPTIÈME LEÇON.

DEUXIÈME PARTIE.

APPLICATIONS.

PREMIER EXERCICE.

Conjuguer le verbe ÊTRE en épelant chaque personne.

DEUXIÈME EXERCICE.

Conjuguer de mémoire le même verbe, en y ajoutant une des épithètes ci-après :

Ignorant, étourdi, enfant, étonné, heureux, ingrat, hardi, habile, assidu, humble, hautain.

TROISIÈME EXERCICE.

Conjuguer le même verbe, en ajoutant après chaque personne les attributs ci-après :

Un enfant laborieux, un élève dissipé, le plus avancé de la classe, ordinairement en retard en classe, assez souvent puni, inquiet de la santé de mes parents.

NOTA. — Dans les deux exercices précédents, on remplacera le pronom *il* par un nom et le pronom *ils* par deux noms unis par la conjonction *et*, ou bien encore par *elle* ou *elles*.

QUATRIÈME EXERCICE.

Conjuguer le verbe ÊTRE avec l'un des adjectifs ci-après, d'abord au masculin, ensuite au féminin.

Bon, vif, curieux, bavard, étourdi, bref, peureux, faux, roux, grondeur, boudeur, spirituel, beau, nouveau, fou, mauvais, blanc, franc, frais, long, malin, bénin, coi, certain, doux, épais, pieux.

CINQUIÈME EXERCICE.

Conjuguer le verbe ÊTRE, en ajoutant à chaque personne l'une des épithètes ci-après :

Brutal, égal, général, original, bancal, trivial, loyal, moral, sentimental, cordial, impartial, frugal, fatal.

SIXIÈME EXERCICE.

On reprendra le troisième exercice ; seulement, au lieu de faire épeler les phrases, on les fera analyser de vive voix par les élèves.

DIX-HUITIÈME LEÇON.

ÉTUDE D'UN VERBE-TYPE DE LA PREMIÈRE CONJUGAISON.

PREMIÈRE PARTIE.

NOTIONS THÉORIQUES.

REMARQUE.

Tous les verbes de la première conjugaison, au nombre de six mille environ, ont les mêmes terminaisons. Ainsi quand on sait conjuguer UN SEUL VERBE de la première conjugaison, on sait conjuguer les six mille autres, à peu de choses près. Le verbe que nous allons étudier, pour servir de modèle, est le verbe CHANTER. On remarquera que, dans ce verbe, il y a une partie (CHANT) qu'on nomme RACINE ou RADICAL qui ne change pas. La partie variable, celle qu'il importe le plus de retenir, est appelée TERMINAISON.

1. Tous les verbes n'ont pas les mêmes terminaisons pour indiquer le nombre, la personne, le mode et le temps : on les divise à ce point de vue en trois classes.

2. La première classe ou première conjugaison comprend les verbes terminés à l'infinitif en **er**, comme aimer, chanter,

3. La deuxième classe ou deuxième conjugaison comprend les verbes en **ir, oir** et **re**, tels que finir, recevoir, rendre.

4. La troisième comprend les verbes irréguliers.

5. Environ six mille verbes sont terminés en *er* et appartiennent à la première conjugaison; mille ou onze cents appartiennent à la deuxième conjugaison; le reste, relativement en petit nombre, sont plus ou moins irréguliers.

6. Conjuguer un verbe, c'est faire connaître les différentes formes qu'il prend suivant le nombre, la personne, le mode et le temps.

EXERCICE AUXILIAIRE.

Distinguer parmi les verbes ci-dessous ceux qui sont de la première conjugaison de ceux qui sont de la deuxième.

1 Chanter.	1 Flatter.	1 Circuler.	1 Sonder.
2 Rougir.	2 Lisser.	2 Périr.	2 Sévir.
3 Aimer.	3 Lire.	3 Languir.	3 Pomper.
4 Rendre.	4 Fuir.	4 Coudre.	4 Apercevoir.
5 Recevoir.	5 Dîner.	5 Signer.	5 Suivre.
6 Plier.	6 Concevoir.	6 Fondre.	6 Piler.
7 Monter.	7 Frapper.	7 Travailler.	7 Pâlir.
8 Descendre.	8 Percevoir.	8 Peindre.	8 Planter.
9 Punir.	9 Comprendre	9 Rire.	9 Ravir.
10 Rôtir.	10 Siffler.	10 Fuir.	10 Fumer.

CONJUGAISON DU VERBE *CHANTER*.

1. 1er MODE, DIT MODE INDICATIF.

Temps présent.

NOMBRE SINGULIER.	NOMBRE PLURIEL.
1re *personne*, je chant *e*.	1re *personne*, nous chant *ons*.
2e *personne*, tu chant *es*.	2e *personne*, vous chant *ez*.
3e *personne*, il chant *e*.	3e *personne*, ils chant *ent*.

2. Les terminaisons du présent de l'indicatif dans les verbes de la première conjugaison sont :

AU SINGULIER.	AU PLURIEL.
1re *personne*, e.	1re *personne*, ons.
2e *personne*, es.	2e *personne*, ez.
3e *personne*, e.	3e *personne*, ent.

3. 1er MODE, DIT MODE INDICATIF.

1er temps passé, dit imparfait.

NOMBRE SINGULIER.	NOMBRE PLURIEL.
1re *personne*, je chant*ais*.	1re *personne*, nous chant*ions*.
2e *personne*, tu chant*ais*.	2e *personne*, vous chant*iez*.
3e *personne*, il chant*ait*.	3e *personne*, ils chant*aient*.

4. Les terminaisons de l'imparfait de l'indicatif dans les verbes de la première conjugaison sont :

AU SINGULIER.	AU PLURIEL.
1re *personne*, ais.	1re *personne*, ions.
2e *personne*, ais.	2e *personne*, iez.
3e *personne*, ait.	3e *personne*, aient.

5. 1er MODE, DIT MODE INDICATIF.

2e temps passé, dit passé défini.

NOMBRE SINGULIER.	NOMBRE PLURIEL.
1re *personne*, je chant*ai*.	1re *personne*, nous chant*âmes*.
2e *personne*, tu chant*as*.	2e *personne*, vous chant*âtes*.
3e *personne*, il chant*a*.	3e *personne*, ils chant*èrent*.

6. Les terminaisons des verbes de la première conjugaison au passé défini sont :

AU SINGULIER.	AU PLURIEL.
1re *personne*, ai.	1re *personne*, âmes.
2e *personne*, as.	2e *personne*, âtes.
3e *personne*, a.	3e *personne*, èrent.

7. 1er MODE, DIT MODE INDICATIF.

3e temps passé, dit passé indéfini.

NOMBRE SINGULIER.	NOMBRE PLURIEL.
1re *personne*, j'ai chanté.	1re *pers.*, nous avons chanté.
2e *personne*, tu as chanté.	2e *pers.*, vous avez chanté.
3e *personne*, il a chanté.	3e *pers.*, ils ont chanté.

8. Pour conjuguer le passé indéfini des verbes attributifs, on emploie le présent de l'indicatif du verbe *avoir* : ***J'ai, tu as, il a***, etc.

9. **1er MODE, DIT MODE INDICATIF.**

4e temps passé, dit passé antérieur.

NOMBRE SINGULIER.	NOMBRE PLURIEL.
1re *personne*, j'eus chanté.	1re *pers.*, nous eûmes chanté.
2e *personne*, tu eus chanté.	2e *pers.*, vous eûtes chanté.
3e *personne*, il eut chanté.	3e *pers.*, ils eurent chanté.

10. Pour conjuguer le passé antérieur d'un verbe attributif, on emploie le passé défini du verbe auxiliaire *avoir* : *J'eus, tu eus, il eut*, etc.

11. **PREMIER MODE, DIT MODE INDICATIF.**

5e temps passé, dit plus-que-parfait.

NOMBRE SINGULIER.	NOMBRE PLURIEL.
1re *personne*, j'avais chanté.	1re *pers.*, nous avions chanté.
2e *personne*, tu avais chanté.	2e *pers.*, vous aviez chanté.
3e *personne*, il avait chanté.	3e *pers.*, ils avaient chanté.

12. Pour conjuguer le plus-que-parfait d'un verbe attributif, on emploie l'imparfait du verbe auxiliaire *avoir* ; *J'avais, tu avais, il avait*, etc.

13. **1er MODE, DIT MODE INDICATIF.**

1er temps futur, dit futur simple.

NOMBRE SINGULIER.	NOMBRE PLURIEL.
1re *personne*, je chant*erai*.	1re *personne*, nous chant*erons*.
2e *personne*, tu chant*eras*.	2e *personne*, vous chant*erez*.
3e *personne*, il chant*era*.	3e *personne*, ils chant*eront*.

14. Les terminaisons du futur simple dans les verbes de la première conjugaison sont :

AU SINGULIER.	AU PLURIEL.
1re *personne*, erai.	1re *personne*, erons.
2e *personne*, eras.	2e *personne*, erez.
3e *personne*, era.	3e *personne*, eront.

15. 1er MODE, DIT MODE INDICATIF.

2e temps futur, dit futur composé.

NOMBRE SINGULIER.	NOMBRE PLURIEL.
1re *personne*, j'aurai chanté.	1re *pers.*, nous aurons chanté.
2e *personne*, tu auras chanté.	2e *pers.*, vous aurez chanté.
3e *personne*, il aura chanté.	3e *pers.*, ils auront chanté.

16. Pour conjuguer le deuxième temps futur ou futur antérieur des verbes attributifs, on emploie le futur simple du verbe *avoir* : *J'aurai*, *tu auras*, *il aura*, etc.

DIX-HUITIÈME LEÇON (suite).

CONJUGAISON DU VERBE CHANTER (suite).

1. 2e MODE, DIT CONDITIONNEL.

Temps présent.

NOMBRE SINGULIER.	NOMBRE PLURIEL.
1re *personne*, je chant*erais*.	1re *pers.*, nous chant*erions*.
2e *personne*, tu chant*erais*.	2e *pers.*, vous chant*eriez*.
3e *personne*, il chant*erait*.	3e *pers.*, ils chant*eraient*.

2. Les terminaisons du présent du conditionnel dans les verbes de la première conjugaison sont :

AU SINGULIER.	AU PLURIEL.
1re *personne*, erais.	1re *personne*, erions.
2e *personne*, erais.	2e *personne*, eriez.
3e *personne*, erait.	3e *personne*, eraient.

3. 2e MODE, DIT MODE CONDITIONNEL.

Temps passé. — 1re forme.

NOMBRE SINGULIER.	NOMBRE PLURIEL.
1re *personne*, j'aurais chanté.	1re *pers.*, nous aurions chanté.
2e *personne*, tu aurais chanté.	2e *pers.*, vous auriez chanté.
3e *personne*, il aurait chanté.	3e *pers.*, ils auraient chanté.

4. Au passé du conditionnel, 1re forme des verbes attributifs, on emploie le présent du conditionnel du verbe *avoir* : *J'aurais*, *tu aurais*, *il aurait*, etc.

5. 2e MODE, DIT MODE CONDITIONNEL.

Temps passé. — 2e forme.

NOMBRE SINGULIER.	NOMBRE PLURIEL.
1re *personne*, j'eusse chanté.	1re *pers.*, nous eussions chanté.
2e *personne*, tu eusses chanté.	2e *pers.*, vous eussiez chanté.
3e *personne*, il eût chanté.	3e *pers.*, ils eussent chanté.

DIX-HUITIÈME LEÇON (suite).

ÉTUDE D'UN VERBE-TYPE DE LA 1re CONJUGAISON.

CONJUGAISON DU VERBE CHANTER (suite).

1. 3e MODE, DIT MODE SUBJONCTIF.

Temps présent.

NOMBRE SINGULIER.	NOMBRE PLURIEL.
1re *personne*, que je chant*e*.	1re *pers.*, que nous chant*ions*.
2e *personne*, que tu chant*es*.	2e *pers.*, que vous chant*iez*.
3e *personne*, qu'il chant*e*.	3e *pers.*, qu'ils chant*ent*.

2. Les terminaisons du présent du subjonctif dans les verbes de la première conjugaison sont :

AU SINGULIER.	AU PLURIEL.
1re *personne*, e.	1re *personne*, ions.
2e *personne*, es.	2e *personne*, iez.
3e *personne*, e.	3e *personne*, ent.

3. 4e MODE, DIT MODE SUBJONCTIF.

1er temps passé, dit imparfait.

NOMBRE SINGULIER.	NOMBRE PLURIEL.
1re *pers.*, que je chant*asse*.	1re *p.*, que nous chant*assions*.
2e *pers.*, que tu chant*asses*.	2e *p.*, que vous chant*assiez*.
3e *pers.*, qu'il chant*ât*.	3e *p.*, qu'ils chant*assent*.

4. Les terminaisons de l'imparfait du subjonctif dans les verbes de la première conjugaison sont :

AU SINGULIER.	AU PLURIEL.
1re *personne*, asse.	1re *personne*, assions.
2e *personne*, asses.	2e *personne*, assiez.
3e *personne*, ât.	3e *personne*, assent.

5. 4e MODE, DIT MODE SUBJONCTIF.

2e passé, dit passé proprement dit.

NOMBRE SINGULIER.	NOMBRE PLURIEL.
1re *pers.*, que j'aie chanté.	1re *p.*, que nous ayons chanté.
2e *pers.*, que tu aies chanté.	2e *p.*, que vous ayez chanté.
3e *pers.*, qu'il ait chanté.	3e *p.*, qu'ils aient chanté.

6. Pour conjuguer le passé du subjonctif des verbes attributifs, on emploie le présent du subjonctif de l'auxiliaire *avoir*.

7. 4e MODE, DIT MODE SUBJONCTIF.

3e temps passé, dit plus-que-parfait.

NOMBRE SINGULIER.	NOMBRE PLURIEL.
1re *pers.*, que j'eusse chanté.	1re *p.*, que nous eussions chanté
2e *pers.*, que tu eusses chanté.	2e *p.*, que vous eussiez chanté.
3e *pers.*, qu'il eût chanté.	3e *p.*, qu'ils eussent chanté.

8. Pour conjuguer le plus-que-parfait des verbes attributifs, on fait usage de l'imparfait du subjonctif de l'auxiliaire *avoir*.

9. 5e MODE, DIT MODE INFINITIF.

Temps présent.	**Temps passé.**
Chanter.	Avoir chanté.

FORME PARTICIPE.

Présent.	**Passé.**
Chantant.	Chanté.

DIX-HUITIÈME LEÇON.

DEUXIÈME PARTIE.

APPLICATIONS.

PREMIER EXERCICE.

Conjuguer les verbes suivants, de vive voix, en les épelant.

Verbes commençant par une consonne.

Planter, rouler, frapper, porter, regarder, fouler, frotter, parler, signer, travailler, trouver, donner, trembler, tomber, cacher, chercher, ruiner, griller, montrer, marcher, consommer, remuer.

DEUXIÈME EXERCICE.

Conjuguer de vive voix les verbes suivants, en les épelant.

Verbes commençant par une voyelle ou une h *muette.*

Aimer, armer, habiller, épargner, éviter, oser, utiliser, approcher, entrer, éternuer, imiter, ignorer, autoriser, entonner, indiquer, humecter, humilier, user, utiliser.

TROISIÈME EXERCICE.

Conjuguer de vive voix les verbes suivants, sans les épeler.

Chanter un cantique, signer une lettre, porter un fardeau, labourer un champ, chercher un emploi, préparer un repas, attacher un chien, brider un cheval, dessiner un portrait, frapper un enfant, faucher un pré.

QUATRIÈME EXERCICE.

Mettre au pluriel les phrases ci-dessus, d'abord de vive voix, puis par écrit.

1. Je réciterai ma leçon, lorsque je l'aurai apprise. — 2. Tu passeras par mon champ si soigneusement cultivé. — 3. Le général remportera une victoire. — 4. Votre sœur

terminera cette robe aujourd'hui. — 5. Ton ami a demandé immédiatement une explication. — 6. Il comprend la règle si longuement expliquée par le maître. — 7. Votre cheval a franchi cet obstacle sans broncher. — 8. Aie à l'avenir son registre avec toi. — 9. Je doute que tu puisses secourir ton ami à temps. — 10. Chante-nous un air patriotique. — 11. Fume la terre si tu veux avoir une bonne récolte. — 12. Il aura pensé que, fusses-tu ici à huit heures, il te serait impossible de terminer ton ouvrage. — 15. J'occuperai la première place si je travaille assidûment.

DIX-NEUVIÈME LEÇON.

ÉTUDE D'UN VERBE-MODÈLE DE LA 2e CONJUGAISON.

PREMIÈRE PARTIE.

OBSERVATION.

Tous les verbes qui ne sont pas de la première conjugaison, c'est-à-dire dont l'infinitif est en IR, OIR ou RE, prennent les terminaisons du verbe-modèle ci-dessous. — La seule difficulté réelle qu'ils présentent consiste dans la connaissance du radical, qui varie dans un grand nombre d'entre eux; ainsi le radical du verbe courir est COUR dans je cours, COURR dans nous courrIONS, COURU dans nous couruSSIONS. — C'est par la lecture et la conversation qu'on apprend à connaître les diverses modifications du radical dans les verbes dont il s'agit.

CONJUGAISON DU VERBE LIRE.

1. 1er MODE, DIT MODE INDICATIF.

Temps présent.

NOMBRE SINGULIER.	NOMBRE PLURIEL.
1re *personne*, je lis.	1re *personne*, nous lis*ons*.
2e *personne*, tu lis.	2e *personne*, vous lis*ez*.
5e *personne*, il li*t*.	5e *personne*, ils lis*ent*.

2. Les verbes de la 2e conjugaison ont les terminaisons suivantes au présent de l'indicatif, savoir :

NOMBRE SINGULIER.	NOMBRE PLURIEL.
s pour la 1re et la 2e personne.	*ons* pour la 1re personne.
	ez pour la 2e personne.
t pour la 3e personne.	*ent* pour la 3e personne.

3. 1er MODE, DIT MODE INDICATIF.

1er temps passé, dit imparfait.

NOMBRE SINGULIER.	NOMBRE PLURIEL.
1re *personne*, je lis*ais*.	1re *personne*, nous lis*ions*.
2e *personne*, tu lis*ais*.	2e *personne*, vous lis*iez*.
3e *personne*, il lis*ait*.	3e *personne*, ils lis*aient*.

4. Les terminaisons de l'imparfait de l'indicatif dans les verbes de la deuxième conjugaison sont :

AU SINGULIER.	AU PLURIEL.
ais pour la 1re et la 2e personne.	*ions* pour la 1re personne.
	iez pour la 2e personne.
ait pour la 3e personne.	*aient* pour la 3e personne.

5. 1er MODE, DIT MODE INDICATIF.

2e temps passé, dit passé défini.

NOMBRE SINGULIER.	NOMBRE PLURIEL.
1re *personne*, je lu*s*.	1re *personne*, nous lû*mes*.
2e *personne*, tu lu*s*.	2e *personne*, vous lû*tes*.
3e *personne*, il lu*t*.	3e *personne*, ils lu*rent*.

6. Les terminaisons du passé défini dans les verbes de la deuxième conjugaison sont :

AU SINGULIER.	AU PLURIEL.
s pour la 1re et la 2e personne.	*mes* pour la 1re personne.
	tes pour la 2e personne.
t pour la 3e personne.	*rent* pour la 3e personne.

7. **1er MODE, DIT MODE INDICATIF.**

3e temps passé, dit passé indéfini.

NOMBRE SINGULIER.	NOMBRE PLURIEL.
1re *personne,* j'ai lu.	1re *personne,* nous avons lu.
2e *personne,* tu as lu.	2e *personne,* vous avez lu.
3e *personne,* il a lu.	3e *personne,* ils ont lu.

8. On emploie le présent de l'indicatif : ***J'ai, tu as, il a,*** etc., du verbe auxiliaire *avoir* pour conjuguer le passé indéfini des verbes attributifs.

9. **1er MODE, DIT MODE INDICATIF.**

4e temps passé, dit passé antérieur.

NOMBRE SINGULIER.	NOMBRE PLURIEL.
1re *personne,* j'eus lu.	1re *personne,* nous eûmes lu.
2e *personne,* tu eus lu.	2e *personne,* vous eûtes lu.
3e *personne,* il eut lu.	3e *personne,* ils eurent lu.

10. Pour conjuguer le passé antérieur des verbes attributifs, on fait usage du passé défini ou du passé indéfini du verbe auxiliaire *avoir.*

11. **5e temps passé, dit plus-que-parfait.**

NOMBRE SINGULIER.	NOMBRE PLURIEL.
1re *personne,* j'avais lu.	1re *personne,* nous avions lu.
2e *personne,* tu avais lu.	2e *personne,* vous aviez lu.
3e *personne,* il avait lu.	3e *personne,* ils avaient lu.

MODE INDICATIF.

12. Le plus-que-parfait des verbes attributifs se compose de l'imparfait du verbe auxiliaire *avoir* : ***J'avais, tu avais, il avait, nous avions, vous aviez, ils avaient,*** et du participe passé qu'on y ajoute.

13. 1er MODE, DIT MODE INDICATIF.

1er futur, dit futur simple.

NOMBRE SINGULIER.	NOMBRE PLURIEL.
1re *personne*, je l*irai*.	1re *personne*, nous l*irons*.
2e *personne*, tu l*iras*.	2e *personne*, vous l*irez*.
5e *personne*, il l*ira*.	5e *personne*, ils l*iront*.

14. Les terminaisons du futur simple dans les verbes de la deuxième conjugaison sont :

AU SINGULIER.	NOMBRE PLURIEL.
rai pour la 1re personne.	*rons* pour la 1re personne.
ras pour la 2e personne.	*rez* pour la 2e personne.
ra pour la 5e personne.	*ront* pour la 5e personne.

15. 1er MODE, DIT MODE INDICATIF.

2e temps futur, dit futur composé.

NOMBRE SINGULIER.	NOMBRE PLURIEL.
1re *personne*, j'aurai lu.	1re *personne*, nous aurons lu.
2e *personne*, tu auras lu.	2e *personne*, vous aurez lu.
5e *personne*, il aura lu.	5e *personne*, ils auront lu.

16. Le futur composé des verbes attributifs se compose du futur simple du verbe auxiliaire avoir : *J'aurai*, *tu auras*, *il aura*, *nous aurons*, *vous aurez*, *ils auront*, et du participe passé qu'on y ajoute.

DIX-NEUVIÈME LEÇON (suite).

ÉTUDE D'UN VERBE-TYPE DE LA 2e CONJUGAISON.

1. 2e MODE, DIT MODE CONDITIONNEL.

Temps présent.

NOMBRE SINGULIER.	NOMBRE PLURIEL.
1re *personne*, je l*irais*.	1re *personne*, nous l*irions*.
2e *personne*, tu l*irais*.	2e *personne*, vous l*iriez*.
5e *personne*, il l*irait*.	5e *personne*, ils l*iraient*.

2. Les terminaisons du conditionnel dans les verbes de la deuxième conjugaison sont :

AU SINGULIER.	AU PLURIEL.
rais pour la 1re et la 2e personne.	*rions* pour la 1re personne.
rait pour la 3e personne.	*riez* pour la 2e personne.
	raient pour la 3e personne.

3. 2e MODE, DIT MODE CONDITIONNEL.

Temps passé. — 1re forme.

NOMBRE SINGULIER.	NOMBRE PLURIEL.
1re *personne*, j'aurais lu.	1re *personne*, nous aurions lu.
2e *personne*, tu aurais lu.	2e *personne*, vous auriez lu.
3e *personne*, il aurait lu.	3e *personne*, ils auraient lu.

4. Le temps passé, 1re forme, du conditionnel passé, se compose du conditionnel présent de l'auxiliaire avoir : *J'aurais*, *tu aurais*, *il aurait*, *nous aurions*, *vous auriez*, *ils auraient*, et du participe passé du verbe que l'on conjugue.

5. 2e MODE, DIT MODE CONDITIONNEL.

Temps passé. — 2e forme.

NOMBRE SINGULIER.	NOMBRE PLURIEL.
1re *personne*, j'eusse lu.	1re *pers.*, nous eussions lu.
2e *personne*, tu eusses lu.	2e *personne*, vous eussiez lu.
3e *personne*, il eût lu.	3e *personne*, ils eussent lu.

6. Le conditionnel passé, 2e forme, se compose du passé conditionnel, 2e forme, du verbe auxiliaire *avoir*, en remplaçant le participe *eu* par celui du verbe que l'on conjugue.

7. 3e MODE, DIT MODE IMPÉRATIF.

Temps présent ou futur.

NOMBRE SINGULIER.	NOMBRE PLURIEL.
1re *personne*, il n'y en a pas.	1re *personne*, lisons.
2e *personne*, lis.	2e *personne*, lisez.
3e *personne*, il n'y en a pas.	3e *personne*, il n'y en a pas.

8. Les terminaisons de l'impératif dans les verbes de la deuxième conjugaison sont *s* pour la 1re personne du singulier, *ons* pour la 1re personne pluriel, *ez* pour la 2e personne pluriel, *ent* pour la 3e.

DIX-NEUVIÈME LEÇON (suite).

ÉTUDE D'UN VERBE-TYPE DE LA 2e CONJUGAISON.

1. 4e MODE, DIT MODE SUBJONCTIF.

Temps présent.

NOMBRE SINGULIER.	NOMBRE PLURIEL.
1re *personne*, que je lis*e*.	1re *personne*, que nous lis*ions*.
2e *personne*, que tu lis*es*.	2e *personne*, que vous lis*iez*.
3e *personne*, qu'il lis*e*.	3e *personne*, qu'ils lis*ent*.

2. Les terminaisons du temps présent du subjonctif dans les verbes de la deuxième conjugaison sont :

AU SINGULIER.	AU PLURIEL.
e pour la 1re personne.	*ions* pour la 1re personne.
es pour la 2e personne.	*iez* pour la 2e personne.
t pour la 3e personne.	*ent* pour la 3e personne.

3. 4e MODE, DIT MODE SUBJONCTIF.

1er temps passé, dit imparfait.

NOMBRE SINGULIER.	NOMBRE PLURIEL.
1re *personne*, que je lu*sse*.	1re *pers.*, que nous lu*ssions*.
2e *personne*, que tu lu*sses*.	2e *pers.*, que vous lu*ssiez*.
3e *personne*, qu'il lû*t*.	3e *pers.*, qu'ils lu*ssent*.

4. Les terminaisons de l'imparfait du subjonctif dans les verbes de la deuxième conjugaison sont :

AU SINGULIER.	AU PLURIEL.
sse pour la 1re personne.	*ssions* pour la 1re personne.
sses pour la 2e personne.	*ssiez* pour la 2e personne.
t pour la 3e personne.	*ssent* pour la 3e personne.

5. ### 4e MODE, DIT MODE SUBJONCTIF.

2e passé, ou passé proprement dit.

NOMBRE SINGULIER.	NOMBRE PLURIEL.
1re *personne*, que j'aie lu.	1re *pers.*, que nous ayons lu.
2e *personne*, que tu aies lu.	2e *pers.*, que vous ayez lu.
3e *personne*, qu'il ait lu.	3e *pers.*, qu'ils aient lu.

6. Le passé du subjonctif se compose du présent du subjonctif du verbe auxiliaire avoir (*que j'aie*, *que tu aies*, *qu'il ait*, *que nous ayons*, *que vous ayez*, *qu'ils aient*), et du participe passé du verbe que l'on conjugue.

7. ### 4e MODE, DIT MODE SUBJONCTIF.

3e passé, dit plus-que-parfait.

NOMBRE SINGULIER.	NOMBRE PLURIEL.
1re *personne*, que j'eusse lu.	1re *pers.*, que nous eussions lu.
2e *personne*, que tu eusses lu.	2e *pers.*, que vous eussiez lu.
3e *personne*, qu'il eût lu.	3e *pers.*, qu'ils eussent lu.

8. Le plus-que-parfait du subjonctif se compose de l'imparfait du subjonctif du verbe auxiliaire avoir : *que j'eusse*, *que tu eusses*, *qu'il eût*, *que nous eussions*, *que vous eussiez*, *qu'ils eussent*, suivi du participe passé du verbe que l'on conjugue.

9. ### 5e MODE, DIT MODE INFINITIF.

Temps présent.

Lire.

Temps futur.

Lire.

Temps passé.

Avoir lu.

Participe présent.

Lisant.

Participe passé.

Lu, ayant lu.

DIX-NEUVIÈME LEÇON.

DEUXIÈME PARTIE.

APPLICATIONS.

PREMIER EXERCICE.

Conjuguer de *vive voix* les verbes suivants, qui n'ont qu'un seul radical.

Verbes à conjuguer.

Finir, pâlir, obéir, avertir, salir, chérir, conclure, exclure.

DEUXIÈME EXERCICE.

Conjuguer de *vive voix* les verbes ci-dessous, qui ont plusieurs radicaux.

Verbes à conjuguer.

Mentir, sentir, consentir, sortir, dormir, partir, courir, discourir, accourir.

TROISIÈME EXERCICE.

Conjuguer de *vive voix* les verbes ci-dessous, qui ont plusieurs radicaux.

Verbes à conjuguer.

Recevoir, concevoir, apercevoir, devoir, déchoir, pourvoir.

QUATRIÈME EXERCICE.

Conjuguer de *vive voix* les verbes ci-dessous, qui ont plusieurs radicaux.

Verbes à conjuguer.

Paraître, connaître, croître, soumettre, admettre, compromettre, plaire, faire, surfaire, peindre, feindre, ceindre, plaindre, joindre, atteindre, contraindre, absoudre, dissoudre, boire, suivre, poursuivre, vivre, survivre, revivre, conduire, instruire, construire, traduire, détruire.

CINQUIÈME EXERCICE.

Conjuguer de *vive voix* les verbes ci-dessous, qui présentent quelques particularités.

Remarque. — Les verbes dont la dernière lettre du radical est un *i* ont nécessairement deux *i* de suite dans les personnes dont la terminaison commence par un *i*. On écrira donc : Il faut que nous **pri** *ions*, il faut que vous **pri** *iez*, et non pas : Il faut que nous *prions,* il faut que vous *priez,* attendu que le radical est *pri* et que les terminaisons sont *ions* et *iez*, aux deux premières personnes plurielles du présent du subjonctif.

Verbes à conjuguer.

Prier, lier, rire, sourire, crier, scier, plier, parier.

SEPTIÈME EXERCICE.

Conjuguer de vive voix les verbes ci-dessous.

Nota. Les verbes suivants prennent *deux* e *de suite* toutes les fois que la terminaison commence par un *e*, attendu que le radical se termine par un *é* fermé.

Verbes à conjuguer.

Créer, agréer, suppléer, maugréer, embléer.

HUITIÈME EXERCICE.

Conjuguer de *vive voix* les verbes ci-dessous :

Placer, lacer, effacer, renoncer, prononcer, tracer.

Remarque. — Dans les verbes en *cer*, il faut mettre *ç* au lieu de *c* toutes les fois que la terminaison commence par *a* ou par *o*, comme dans il traç*a*, j'effaç*ais*, nous traç*ons*, nous effaç*ons*.

NEUVIÈME EXERCICE.

Conjuguer de vive voix les verbes ci-dessous.

Remarque. — Le *g* des verbes terminés à l'infinitif en *ger* ayant toujours la prononciation du *j*, doit être suivi d'un *e* muet toutes les fois que la terminaison commence par un *a* ou par un *o*. On écrira donc : je mang*e* *ais*, nous mang*e* *ons*, et non pas: je mangais, nous mangons. Ainsi les verbes en *ger* ont, par le fait, deux radicaux.

Verbes à conjuguer.

Ménager, partager, négliger, obliger, songer, bouger, juger, prolonger, soulager.

DIXIÈME EXERCICE.

Conjuguer de *vive voix* les verbes suivants.

REMARQUE. — Les verbes qui ont à l'avant-dernière syllabe un *e muet*, s'écrivent par un *è ouvert*, lorsque la terminaison commence par un *e* muet. On écrira donc: j'enl**è**verai, ils enl**è**vent, et non pas j'enl*e*verai, ils enl*e*vent. Mais si la terminaison commence par ***a***, ***o*** ou ***i***, on écrira l'avant-dernière syllabe avec un *e* muet. — Ex. : tu enlevas, nous enlevons. Ce serait donc une faute d'écrire : tu enlèvas, nous enlèvons avec un accent grave.

Verbes à conjuguer.

Lever, semer, mener, soulever, peser, promener.

ONZIÈME EXERCICE.

Conjuguer oralement les verbes ci-dessous.

REMARQUE. — Dans les verbes qui ont un *é* fermé à l'avant-dernière syllabe du présent de l'infinitif, comme espérer, préférer, on met à la place de cet *é* fermé un *è* ouvert, lorsque la terminaison commence par un *e* muet. Ainsi on écrira *nous préf**è**rerons*, parce que la terminaison *erons* commence par un *e* muet, et non pas nous préférerons.

Verbes à conjuguer.

Préférer, considérer, empiéter, prospérer, répéter, modérer, révéler, altérer, céder.

NOTA. On excepte de cette règle les verbes en *éger* ; protéger, abréger, etc.

DOUZIÈME EXERCICE.

Conjuguer les verbes ci-dessous.

Remarque. — Les verbes terminés au présent de l'infinitif par *eler*, *eter*, s'écrivent par deux *l* ou deux *t* aux personnes dont le radical commence par un *e* muet. On écrira donc *j'appelerai* par deux *l*, attendu que le radical est *erai*. Par la même raison, on écrira *je jetterai* par deux *t*. Mais *nous appelons* ne prend qu'un seul *l*, comme *nous jetons* ne prend qu'un seul *t*, la terminaison *ons* ne commençant pas par un *e* muet.

Verbes à conjuguer.

1° Appeler, atteler, ficeler, niveler, relever, harceler, chanceler, épeler, peler;

2° Jeter, projeter, fureter, caqueter, cacheter.

TREIZIÈME EXERCICE.

Conjuguer de vive voix les verbes suivants.

Remarque. — Les verbes terminés à l'infinitif par *yer*, comme nettoyer, essuyer, prennent *au radical* un *i* au lieu d'un *y*, *lorsque la terminaison commence par un* e *muet*. On écrira donc *vous nettoierez*, et non pas vous nettoyerez, parce que la terminaison *erez* commence par un *e* muet.

On excepte ordinairement de cette règle les verbes en *ayer* et en *eyer*, comme payer, balayer, grasseyer, qui conservent l'*y* à tous les temps et à toutes les personnes (1).

Verbes à conjuguer.

1. Nettoyer, essuyer, appuyer, broyer.
2. Essayer, balayer, payer, rayer, grasseyer.

Nota. Les verbes sous le n° 2 conservent l'*y* grec dans toute l'étendue de la conjugaison ; de plus ils ont un *i* après l'*y* dans les personnes dont la terminaison commence par un *i*.

(1) On fera aussi observer aux élèves que ces verbes ont un *y* et un *i* à la première et à la seconde personne plurielle de l'imparfait de l'indicatif et du présent du subjonctif.

QUATORZIÈME EXERCICE.

Conjuguer les verbes ci-dessous de vive voix.

Remarque. — Les verbes terminés à l'infinitif par *enir* prennent deux *n* quand la terminaison commence par un *e* muet. Il en est de même du verbe prendre et de ses composés. De plus, le verbe prendre, ainsi que tous les verbes en *dre* autres que ceux qui se terminent en *indre* et en *soudre*, prennent un *d* au lieu d'un *t* à la troisième personne du singulier du présent de l'indicatif.

Verbes à conjuguer.

1. Venir, convenir, souvenir, prévenir.
2. Rendre, fendre, tendre, moudre, coudre, répondre, répandre.
3. Prendre, comprendre, surprendre, apprendre.
4. Résoudre, dissoudre, feindre, peindre.

Remarques orthographiques sur la conjugaison des verbes.

On trouvera ces remarques dans la *deuxième partie* de ce cours de langue française intitulée Grammaire complémentaire. — Nous y renvoyons pour toutes les observations qui ne nous ont pas paru devoir prendre place dans cette introduction. — Des considérations d'une très-grande importance nous ont conduit à diviser ainsi notre travail. On les trouvera placées en tête de l'ouvrage que nous annonçons.

DIX-NEUVIÈME LEÇON.

CLASSIFICATION DU VERBE.

PREMIÈRE PARTIE.

NOTIONS THÉORIQUES.

1. Après les verbes suivants *regarder, écouter,* on peut placer les mots *quelqu'un* ou *quelque chose.*

2. On peut dire regarder quelqu'un ou quelque chose. — Exemple : regarder sa mère, regarder un tableau; écouter quelqu'un ou quelque chose. — Exemple : écouter le maître, écouter un sermon.

3. Il n'en est pas de même des verbes *plaire, rire.* On ne peut pas dire rire quelqu'un ou quelque chose, ni plaire quelqu'un ou quelque chose. Mais on peut dire : *plaire à quelqu'un, rire de quelque chose.*

4. Il résulte de ces exemples qu'il y a des verbes qui peuvent être suivis immédiatement d'un nom de personne ou de chose, objet de l'action qu'ils expriment, et d'autres, au contraire, qui ne se joignent aux noms qu'à l'aide d'un mot accessoire, tels que *à, de, pour,* etc., qu'on appelle pour cela prépositions.

5. Les verbes qui se joignent directement aux noms objets sont appelés verbes *transitifs.* Les verbes *regarder, écouter, frapper,* sont donc des verbes transitifs.

6. Les verbes qui ne se joignent aux noms qu'*indirectement,* c'est-à-dire au moyen de mots accessoires ou *prépositions,* sont appelés verbes *intransitifs.* Les verbes *rire, plaire* sont donc des verbes intransitifs.

7. Les noms qui accompagnent les verbes pour en compléter le sens sont appelés *compléments.*

8. On appelle *complément direct* le complément d'un verbe transitif, et *complément indirect* le complément d'un verbe intransitif.

9. On trouve le *complément direct* d'un verbe en faisant la question *qui* ou *quoi* après le verbe accompagné de son sujet.

10. Ex. : Dans cette phrase : Dieu a fait le monde en six jours. Le verbe est *a fait*; pour en trouver le complément direct, je dis : *Dieu a fait quoi*? — Rép. : Le monde. D'où je conclus que le complément direct est *le monde.*

11. Pour trouver le *complément indirect* d'un verbe, on fait l'une des questions *à qui, à quoi, de qui, de quoi, pour qui, pour quoi,* etc., après le verbe précédé de son sujet.

12. Dans cette phrase : *Ce châle plaît à votre mère.* Le verbe est *plaît*; pour en trouver le complément indirect, je fais cette question : votre châle plaît à qui ? — Rép. : A votre mère; mère est donc le complément indirect de plaît.

DIX-NEUVIÈME LEÇON.

DEUXIÈME PARTIE.

APPLICATIONS.

PREMIER EXERCICE.

Chercher dans les phrases suivantes les verbes transitifs et les verbes intransitifs.

PHRASES.

1. Le soleil éclaire la terre. — 2. La chaleur énerve le paresseux. — 3. Un bon conseil m'a sauvé l'honneur et la vie. — 4. L'air pur a ranimé le malade. — 5. Le chien garde le troupeau. — 6. Le renard cherche adroitement sa proie. — 7. Les chiens rongent les os. — 8. Le voleur escalade les murs. — 9. Caïn tua son frère Abel. — 10. Moïse brisa les Tables de la loi. — 11. Le singe imite les gestes de l'homme. — 12. Contentement vaut richesse. — 13. L'homme industrieux tire parti de tout. — 14. Les horlogers remontent les pendules. — 15. Les merles sifflent les airs qu'on leur enseigne.

DEUXIÈME EXERCICE.

1. J'ai nui à vos entreprises. — 2. L'écrevisse marche à reculons. — 3. Votre frère plaît beaucoup à son patron. — 4. Napoléon naquit à Ajaccio. — 5. Cet enfant rit pour un rien. — 6. Condé dormit la veille de la bataille de Rocroy. — 7. Il a plu pendant trois jours. — 8. Les chimistes sont parvenus à décomposer l'air et l'eau. — 9. Votre frère viendra aujourd'hui à l'école. — 10. Adam mourut à l'âge de 930 ans. — 11. J'arriverai à cette destination avant vous. — 12. Le couvreur tomba sur le trottoir.

TROISIÈME EXERCICE.

1. La Méditerranée baigne le midi de l'Europe et le nord de l'Afrique. — 2. Pierre-le-Grand apprit le métier de charpentier à Saardam. — 3. Lorsque Joseph revit son père, son cœur tressaillit d'allégresse. — 4. La pomme

tombe de l'arbre quand elle est mûre. — 5. Votre frère sortira demain. — 6. Le pin produit la résine. — 7. Au récit de ce crime, je frémis d'horreur. — 8. Ne laissez pas votre blé pourrir dans le grenier. — 9. On fait des manches de couteaux avec la corne de certains animaux. — 10. Pour faire de la bière, on emploie l'orge et le houblon. — 11. Quand arrive le printemps, la pomme de terre germe. — 12. Mon père voyagera l'année prochaine. — 13. Ce marin navigua longtemps dans les mers du Sud. — 14. Votre cheval galope très-bien.

QUATRIÈME EXERCICE.

Rechercher dans les phrases du précédent exercice tous les compléments directs et indirects.

VINGTIÈME LEÇON.

FORME PASSIVE, INTERROGATIVE, PRONOMINALE, IMPERSONNELLE.

PREMIÈRE PARTIE.

NOTIONS THÉORIQUES.

1. Il y a des verbes qui expriment une action dont le sujet est en même temps l'objet ; tels sont les verbes *se promener*, *se taire*, *se repentir*.

2. Dans cette phrase : *Je me souviens*; *je* est le sujet, *me* est le complément; mais *je* et *me* désignent le même être.

3. On les appelle *verbes pronominaux*.

3 bis. Les verbes qu'on appelle *verbes pronominaux* se conjuguent donc dans toute l'étendue du verbe avec *deux pronoms*, ou bien avec un nom et un pronom de la troisième personne, comme dans cette phrase : *Paul se souvient*.

4. Prendre dans une proposition le complément direct pour sujet et le sujet pour complément, c'est ce qui s'appelle *passer de* L'ACTIF *au* PASSIF, c'est-à-dire de la forme *active* à la forme *passive*.

5. Soit donnée cette phrase : *Marie cueille une rose* : je prends le sujet *Marie* pour complément, le complément

une rose pour sujet, et je dis : *Une rose est cueillie par Marie. Cueille* est la forme active du verbe cueillir; *est cueillie* en est la forme passive.

6. Les verbes *passifs* doivent nécessairement se conjuguer avec l'auxiliaire *être* dans tous leurs temps.

7. Une autre variété de verbes est celle des verbes dits *impersonnels*, parce qu'ils désignent les faits d'une manière générale, indépendamment de l'idée de personne, comme *il pleut*.

8. Ces verbes ne se conjuguent qu'à la troisième personne. — Le pronom qui les précède ne saurait être considéré comme un *sujet*.

9. Quand on interroge, on place le *pronom sujet* après le verbe. Ex. : *Partons-nous? Dînerai-je?* Et on le sépare de celui-ci par un trait d'union.

10. La forme *interrogative* présente quelques difficultés de détail qu'il importe de signaler.

11. Dans les verbes dont la première personne se termine par un *e* muet, on remplace cet *e* muet par un *é* fermé. Ex. : *Parlé-je? sué-je?*

12. Quand la troisième personne se termine par un *e* ou par un *a*, on place la lettre **t** entre le verbe et le sujet pour une raison de prononciation. Ainsi, au lieu de dire : *dînera-il? travaille-elle? chante-on?* on s'exprime comme suit : *dînera-**t**-il? travaille-**t**-elle? chante-**t**-on?*

13. On n'emploie pas la forme interrogative à l'impératif, attendu qu'interroger et commander sont deux choses fort différentes. On ne l'emploie pas non plus au subjonctif pour une raison analogue.

14. Quelques verbes ne s'emploient pas interrogativement à la première personne du singulier du présent de l'indicatif. Ainsi, on ne dit pas *dors-je? sors-je? cours-je?*

15. Dans ce cas, on emploie l'expression *est-ce que*. Ex. : *Est-ce que je dors? Etait-ce que je dormais? Sera-ce moi qui vous attendrai?*

VINGTIÈME LEÇON.

DEUXIÈME PARTIE.

APPLICATIONS.

PREMIER EXERCICE.

Conjuguer de vive voix simultanément le verbe cacher, sous la forme active et sous la forme passive.

1. MODE INDICATIF. — TEMPS PRÉSENT.

FORME ACTIVE.

Singulier.

Je cache.
Tu caches.
Il cache.

Pluriel.

Nous cachons.
Vous cachez.
Ils cachent.

FORME PASSIVE.

Singulier.

Je suis caché.
Tu es caché.
Il est caché.

Pluriel.

Nous sommes cachés.
Vous êtes cachés.
Ils sont cachés.

2. MODE INDICATIE. — TEMPS IMPARFAIT.

FORME ACTIVE.

Singulier.

Je cachais.
Tu cachais.
Il cachait.

Pluriel.

Nous cachions.
Vous cachiez.
Ils cachaient.

FORME PASSIVE.

Singulier.

J'étais caché.
Tu étais caché.
Il était caché.

Pluriel.

Nous étions cachés.
Vous étiez cachés.
Ils étaient cachés.

3. MODE INDICATIF. — TEMPS PASSÉ DÉFINI.

FORME ACTIVE.	FORME PASSIVE.
Singulier.	*Singulier.*
Je cachai.	Je fus caché.
Tu cachas.	Tu fus caché.
Il cacha.	Il fut caché.
Pluriel.	*Pluriel.*
Nous cachâmes.	Nous fûmes cachés.
Vous cachâtes.	Vous fûtes cachés.
Ils cachèrent.	Ils furent cachés.

4. MODE INDICATIF. — TEMPS PASSÉ INDÉFINI.

FORME ACTIVE.	FORME PASSIVE.
Singulier.	*Singulier.*
J'ai caché.	J'ai été caché.
Tu as caché.	Tu as été caché.
Il a caché.	Il a été caché.
Pluriel.	*Pluriel.*
Nous avons caché.	Nous avons été cachés.
Vous avez caché.	Vous avez été cachés.
Ils ont caché.	Ils ont été cachés.

5. MODE INDICATIF. — TEMPS PASSÉ ANTÉRIEUR.

FORME ACTIVE.	FORME PASSIVE.
Singulier.	*Singulier.*
J'eus caché.	J'eus été caché.
Tu eus caché.	Tu eus été caché.
Il eut caché.	Il eut été caché.
Pluriel.	*Pluriel.*
Nous eûmes caché.	Nous eûmes été cachés.
Vous eûtes caché.	Vous eûtes été cachés.
Ils eurent caché.	Ils eurent été cachés.

6. MODE INDICATIF. — TEMPS PLUS-QUE-PARFAIT.

FORME ACTIVE.

Singulier.

J'avais caché.
Tu avais caché.
Il avait caché.

Pluriel.

Nous avions caché.
Vous aviez caché.
Ils avaient caché.

FORME PASSIVE.

Singulier.

J'avais été caché.
Tu avais été caché.
Il avait été caché.

Pluriel.

Nous avions été cachés.
Vous aviez été cachés.
Ils avaient été cachés.

7. MODE INDICATIF. — TEMPS FUTUR ABSOLU.

FORME ACTIVE.

Singulier.

Je cacherai.
Tu cacheras.
Il cachera.

Pluriel.

Nous cacherons.
Vous cacherez.
Ils cacheront.

FORME PASSIVE.

Singulier.

Je serai caché.
Tu seras caché.
Il sera caché.

Pluriel.

Nous serons cachés.
Vous serez cachés.
Ils seront cachés.

8. MODE INDICATIF. — TEMPS FUTUR ANTÉRIEUR.

FORME ACTIVE.

Singulier.

J'aurai caché.
Tu auras caché.
Il aura caché.

Pluriel.

Nous aurons caché.
Vous aurez caché.
Ils auront caché.

FORME PASSIVE.

Singulier.

J'aurai été caché.
Tu auras été caché.
Il aura été caché.

Pluriel.

Nous aurons été cachés.
Vous aurez été cachés.
Ils auront été cachés.

9. MODE CONDITIONNEL. — TEMPS PRÉSENT.

FORME ACTIVE.	FORME PASSIVE.
Singulier.	*Singulier.*
Je cacherais.	Je serais caché.
Tu cacherais.	Tu serais caché.
Il cacherait.	Il serait caché.
Pluriel.	*Pluriel.*
Nous cacherions.	Nous serions cachés.
Vous cacheriez.	Vous seriez cachés.
Ils cacheraient.	Ils seraient cachés.

10. MODE CONDITIONNEL. — TEMPS PASSÉ.

FORME ACTIVE.	FORME PASSIVE.
Singulier.	*Singulier.*
J'aurais caché.	J'aurais été caché.
Tu aurais caché.	Tu aurais été caché.
Il aurait caché.	Il aurait été caché.
Pluriel.	*Pluriel.*
Nous aurions caché.	Nous aurions été cachés.
Vous auriez caché.	Vous auriez été cachés.
Ils auraient caché.	Ils auraient été cachés.

11. MODE CONDITIONNEL. — TEMPS PASSÉ (*bis*).

FORME ACTIVE.	FORME PASSIVE.
Singulier.	*Singulier.*
J'eusse caché.	J'eusse été caché.
Tu eusses caché.	Tu eusses été caché.
Il eût caché.	Il eût été caché.
Pluriel.	*Pluriel.*
Nous eussions caché.	Nous aurions été cachés.
Vous eussiez caché.	Vous auriez été cachés.
Ils eussent caché.	Ils auraient été cachés.

12. MODE IMPÉRATIF. — TEMPS PRÉSENT.

FORME ACTIVE.

Singulier.

1re *personne*, il n'y en a pas.
2e *personne*, cache.
3e *personne*, il n'y en a pas.

FORME PASSIVE.

Pluriel.

1re *personne*, soyons cachés
2e *personne*, soyez cachés.
3e *personne*, il n'y en a pas.

13. MODE SUBJONCTIF. — TEMPS PRÉSENT.

FORME ACTIVE.

Singulier.

Que je cache.
Que tu caches.
Qu'il cache.

Pluriel.

Que nous cachions.
Que vous cachiez.
Qu'ils cachent.

FORME PASSIVE.

Singulier.

Que je sois caché.
Que tu sois caché.
Qu'il soit caché.

Pluriel.

Que nous soyons cachés.
Que vous soyez cachés.
Qu'ils soient cachés.

14. MODE SUBJONCTIF. — TEMPS IMPARFAIT.

FORME ACTIVE.

Singulier.

Que je cachasse.
Que tu cachasses.
Qu'il cachât.

Pluriel.

Que nous cachassions.
Que vous cachassiez.
Qu'ils cachassent.

FORME PASSIVE.

Singulier.

Que je fusse caché.
Que tu fusses caché.
Qu'il fût caché.

Pluriel.

Que nous fussions cachés.
Que vous fussiez cachés.
Qu'ils fussent cachés.

15. MODE SUBJONCTIF. — TEMPS PASSÉ.

FORME ACTIVE.	FORME PASSIVE.
Singulier.	*Singulier.*
Que j'aie caché.	Que j'aie été caché.
Que tu aies caché.	Que tu aies été caché.
Qu'il ait caché.	Qu'il ait été caché.
Pluriel.	*Pluriel.*
Que nous ayons caché.	Que nous ayons été cachés.
Que vous ayez caché.	Que vous ayez été cachés.
Qu'ils aient caché.	Qu'ils aient été cachés.

16. MODE SUBJONCTIF. — TEMPS PLUS-QUE-PARFAIT.

FORME ACTIVE.	FORME PASSIVE.
Singulier.	*Singulier.*
Que j'eusse caché.	Que j'eusse été caché.
Que tu eusses caché.	Que tu eusses été caché.
Qu'il eût caché.	Qu'il eût été caché.
Pluriel.	*Pluriel.*
Que nous eussions caché.	Que nous eussions été cachés.
Que vous eussiez caché.	Que vous eussiez été cachés.
Qu'ils eussent caché.	Qu'ils eussent été cachés.

17. MODE INFINITIF. — TEMPS PRÉSENT.

FORME ACTIVE.	FORME PASSIVE.
Cacher.	Être caché.

18. MODE INFINITIF. — TEMPS PASSÉ.

FORME ACTIVE.	FORME PASSIVE.
Avoir caché.	Avoir été caché.

19. FORME PARTICIPE.

FORME ACTIVE.	FORME PASSIVE.
PRÉSENT, cachant.	PRÉSENT, étant caché.
PASSÉ, caché.	PASSÉ, ayant été caché.

Verbes à conjuguer d'une façon semblable.

Etonner, accompagner, ravir, régaler, comprendre.

DEUXIÈME EXERCICE.

Conjuguer simultanément de vive voix le verbe flatter sous la forme primitive et sous la forme pronominale.

1. MODE INDICATIF. — TEMPS PRÉSENT.

FORME PRIMITIVE.	FORME PRONOMINALE.
Singulier.	*Singulier.*
Je flatte.	Je me flatte.
Tu flattes.	Tu te flattes.
Il flatte.	Il se flatte.
Pluriel.	*Pluriel.*
Nous flattons.	Nous nous flattons.
Vous flattez.	Vous vous flattez.
Ils flattent.	Ils se flattent.

2. MODE INDICATIF. — TEMPS IMPARFAIT.

FORME PRIMITIVE.	FORME PRONOMINALE.
Singulier.	*Singulier.*
Je flattais.	Je me flattais.
Tu flattais.	Tu te flattais.
Il flattait.	Il se flattait.
Pluriel.	*Pluriel.*
Nous flattions.	Nous nous flattions.
Vous flattiez.	Vous vous flattiez.
Ils flattaient.	Ils se flattaient.

3. MODE INDICATIF. — TEMPS PASSÉ DÉFINI.

FORME PRIMITIVE.

Singulier.

Je flattai.
Tu flattas.
Il flatta.

Pluriel.

Nous flattâmes.
Vous flattâtes.
Ils flattèrent.

FORME PRONOMINALE.

Singulier.

Je me flattai.
Tu te flattas.
Il se flatta.

Pluriel.

Nous nous flattâmes.
Vous vous flattâtes.
Ils se flattèrent.

4. MODE INDICATIF. — TEMPS PASSÉ INDÉFINI.

FORME PRIMITIVE.

Singulier.

J'ai flatté.
Tu as flatté.
Il a flatté.

Pluriel.

Nous avons flatté.
Vous avez flatté.
Ils ont flatté.

FORME PRONOMINALE.

Singulier.

Je me suis flatté.
Tu t'es flatté.
Il s'est flatté.

Pluriel.

Nous nous sommes flattés.
Vous vous êtes flattés.
Ils se sont flattés.

5. MODE INDICATIF. — TEMPS PASSÉ ANTÉRIEUR.

FORME PRIMITIVE.

Singulier.

J'eus flatté.
Tu eus flatté.
Il eut flatté.

Pluriel.

Nous eûmes flatté.
Vous eûtes flatté.
Ils eurent flatté.

FORME PRONOMINALE.

Singulier.

Je me fus flatté.
Tu te fus flatté.
Il se fut flatté.

Pluriel.

Nous nous fûmes flattés.
Vous vous fûtes flattés.
Ils se furent flattés.

6. MODE INDICATIF. — TEMPS PLUS-QUE-PARFAIT.

FORME PRIMITIVE.

Singulier.

J'avais flatté.
Tu avais flatté.
Il avait flatté.

Pluriel.

Nous avions flatté.
Vous aviez flatté.
Ils avaient flatté.

FORME PRONOMINALE.

Singulier.

Je m'étais flatté.
Tu t'étais flatté.
Il s'était flatté.

Pluriel.

Nous nous étions flattés.
Vous vous étiez flattés.
Ils s'étaient flattés.

7. MODE INDICATIF. — TEMPS FUTUR ABSOLU.

FORME PRIMITIVE.

Singulier.

Je flatterai.
Tu flatteras.
Il flattera.

Pluriel.

Nous flatterons.
Vous flatterez.
Ils flatteront.

FORME PRONOMINALE.

Singulier.

Je me flatterai.
Tu te flatteras.
Il se flattera.

Pluriel.

Nous nous flatterons.
Vous vous flatterez.
Ils se flatteront.

8. MODE INDICATIF. — TEMPS FUTUR ANTÉRIEUR.

FORME PRIMITIVE.

Singulier.

J'aurai flatté.
Tu auras flatté.
Il aura flatté.

Pluriel.

Nous aurons flatté.
Vous aurez flatté.
Ils auront flatté.

FORME PRONOMINALE.

Singulier.

Je me serai flatté.
Tu te seras flatté.
Il se sera flatté.

Pluriel.

Nous nous serons flattés.
Vous vous serez flattés.
Ils se seront flattés.

9. MODE CONDITIONNEL. — TEMPS PRÉSENT.

FORME PRIMITIVE.

Singulier.

Je flatterais.
Tu flatterais.
Il flatterait.

Pluriel.

Nous flatterions.
Vous flatteriez.
Ils flatteraient.

FORME PRONOMINALE.

Singulier.

Je me flatterais.
Tu te flatterais.
Il se flatterait.

Pluriel.

Nous nous flatterions.
Vous vous flatteriez.
Ils se flatteraient.

10. MODE CONDITIONNEL. — TEMPS PASSÉ.

FORME PRIMITIVE.

Singulier.

J'aurais flatté.
Tu aurais flatté.
Il aurait flatté.

Pluriel.

Nous aurions flatté.
Vous auriez flatté.
Ils auraient flatté.

FORME PRONOMINALE.

Singulier.

Je me serais flatté.
Tu te serais flatté.
Il se serait flatté.

Pluriel.

Nous nous serions flattés.
Vous vous seriez flattés.
Ils se seraient flattés.

11. MODE CONDITIONNEL. — TEMPS PASSÉ (*bis*).

FORME PRIMITIVE.

Singulier.

J'eusse flatté.
Tu eusses flatté.
Il eût flatté.

Pluriel.

Nous eussions flatté.
Vous eussiez flatté.
Ils eussent flatté.

FORME PRONOMINALE.

Singulier.

Je me fusse flatté.
Tu te fusses flatté.
Il se fût flatté.

Pluriel.

Nous nous fussions flattés.
Vous vous fussiez flattés.
Ils se fussent flattés.

12. MODE IMPÉRATIF.

FORME PRIMITIVE.

Singulier.

1re *personne*, il n'y en a pas.
2e *personne*, flatte.
3e *personne*, il n'y en a pas.

Pluriel.

1re *personne*, flattons.
2e *personne*, flattez.
3e *personne*, il n'y en a pas.

FORME PRONOMINALE.

Singulier.

1re *personne*, il n'y en a pas.
2e *personne*, flatte-toi.
3e *personne*, il n'y en a pas.

Pluriel.

1re *personne*, flattons-nous.
2e *personne*, flattez-vous.
3e *personne*, il n'y en pas.

13. MODE SUBJONCTIF. — TEMPS PRÉSENT.

FORME PRIMITIVE.

Singulier.

Que je flatte.
Que tu flattes.
Qu'il flatte.

Pluriel.

Que nous flattions.
Que vous flattiez.
Qu'ils flattent.

FORME PRONOMINALE.

Singulier.

Que je me flatte.
Que tu te flattes.
Qu'il se flatte.

Pluriel.

Que nous nous flattions.
Que vous vous flattiez.
Qu'ils se flattent.

14. MODE SUBJONCTIF. — TEMPS IMPARFAIT.

FORME PRIMITIVE.

Singulier.

Que je flattasse.
Que tu flattasses.
Qu'il flattât.

Pluriel.

Que nous flattassions.
Que vous flattassiez.
Qu'ils flattassent.

FORME PRONOMINALE.

Singulier.

Que je me flattasse.
Que tu te flattasses.
Qu'il se flattât.

Pluriel.

Que nous nous flattassions.
Que vous vous flattassiez.
Qu'ils se flattassent.

15. MODE SUBJONCTIF. — TEMPS PASSÉ.

FORME PRIMITIVE.	FORME PRONOMINALE.
Singulier.	*Singulier.*
Que j'ai flatté.	Que je me sois flatté.
Que tu as flatté.	Que tu te sois flatté.
Qu'il a flatté.	Qu'il se soit flatté.
Pluriel.	*Pluriel.*
Que nous ayons flatté.	Que nous nous soyons flattés.
Que vous ayez flatté.	Que vous vous soyez flattés.
Qu'ils aient flatté.	Qu'ils se soient flattés.

16. MODE SUBJONCTIF. — TEMPS PLUS-QUE-PARFAIT.

FORME PRIMITIVE.	FORME PRONOMINALE.
Singulier.	*Singulier.*
Que j'eusse flatté.	Que je me fusse flatté.
Que tu eusses flatté.	Que tu te fusses flatté.
Qu'il eût flatté.	Qu'il se fût flatté.
Pluriel.	*Pluriel.*
Que nous eussions flatté.	Que nous nous fussions flattés
Que vous eussiez flatté.	Que vous vous fussiez flattés.
Qu'ils eussent flatté.	Qu'ils se fussent flattés.

17. MODE INFINITIF. — TEMPS PRÉSENT.

FORME PRIMITIVE.	FORME PRONOMINALE.
Flatter.	Se flatter.

18. MODE INFINITIF. — TEMPS PASSÉ.

FORME PRIMITIVE.	FORME PRONOMINALE.
Être flatté.	S'être flatté.

19. FORME PARTICIPE.

FORME PRIMITIVE.	FORME PRONOMINALE.
PRÉSENT, flattant.	PRÉSENT, se flattant.
PASSÉ, flatté.	PASSÉ, s'étant flatté.

Verbes à conjuguer de la même manière.

1. Se louer, se guérir, se rendre, s'apercevoir, se plaire, se convenir, se suffire, se rire.

2. S'écrier, se moquer, se promener, se repentir, s'emparer, se souvenir, s'abstenir, se taire.

TROISIÈME EXERCICE.

Conjuguer sous la forme interrogative le verbe parler.

VERBE CONJUGUÉ INTERROGATIVEMENT.

MODE INDICATIF.

Présent.

Parlé-je ?
Parles-tu ?
Parle-t-il ?
Parlons-nous ?
Parlez-vous ?
Parlent-ils ?

Imparfait.

Parlais-je ?
Parlais-tu ?
Parlait-il ?
Parlions-nous ?
Parliez-vous ?
Parlaient-ils ?

Passé défini.

Parlai-je ?
Parlas-tu ?
Parla-t-il ?
Parlâmes-nous ?
Parlâtes-vous ?
Parlèrent-ils ?

Passé indéfini.

Ai-je parlé ?
As-tu parlé ?
A-t-il parlé ?
Avons-nous parlé ?
Avez-vous parlé ?
Ont-ils parlé ?

Plus-que-Parfait.

Avais-je parlé ?
Avais-tu parlé ?
Avait-il parlé ?
Avions-nous parlé ?
Aviez-vous parlé ?
Avaient-ils parlé ?

Futur.

Parlerai-je ?
Parleras-tu ?
Parlera-t-il ?
Parlerons-nous ?
Parlerez-vous ?
Parleront-ils ?

Futur antérieur.

Aurai-je parlé ?
Auras-tu parlé ?
Aura-t-il parlé ?
Aurons-nous parlé ?
Aurez-vous parlé ?
Auront-ils parlé ?

MODE CONDITIONNEL.

Présent.

Parlerais-je ?
Parlerais-tu ?
Parlerait-il ?
Parlerions-nous ?
Parleriez-vous ?
Parleraient-ils ?

Passé.

Aurais-je parlé ?
Aurais-tu parlé ?
Aurait-il parlé ?
Aurions-nous parlé ?
Auriez-vous parlé ?
Auraient-ils parlé ?

Conditionnel passé (bis).

Eussé-je parlé ?
Eusses-tu parlé ?
Eût-il parlé ?
Eussions-nous parlé ?
Eussiez-vous parlé.
Eussent-ils parlé ?

Verbes à conjuguer de la même manière.

Terminer, préférer, désobéir, apercevoir, attendre, finir, prendre, résoudre, avoir, être.

QUATRIÈME EXERCICE.

Conjuguer de vive voix les verbes impersonnels ci-après.

CONJUGAISON DU VERBE IMPERSONNEL *TONNER*.

INDICATIF.

Présent.

Il tonne.

Imparfait.

Il tonnait.

Passé défini.

Il tonna.

Passé indéfini.

Il a tonné.

Passé antérieur.

Il eut tonné.

Plus-que-Parfait.

Il avait tonné.

Futur.

Il tonnera.

Futur antérieur.

Il aura tonné.

CONDITIONNEL.

Présent.

Il tonnerait.

Passé.

Il aurait tonné.

Conditionnel passé (bis).

Il eût tonné.

SUBJONCTIF.

Présent.

Qu'il tonne.

Imparfait.

Qu'il tonnât.

Passé.

Qu'il ait tonné.

Plus-que-Parfait.

Qu'il eût tonné.

INFINITIF.

Présent.

Tonner.

Passé.

Avoir tonné.

PARTICIPE.

Présent.

Tonnant.

Passé.

Tonné.

Autres verbes impersonnels à conjuguer.

Neiger, pleuvoir, sembler, importer, résulter.

CINQUIÈME EXERCICE.

Indiquer dans les phrases ci-dessous les verbes impersonnels.

1. Il faut du grain pour faire du pain. — 2. Il a plu toute la semaine. — 3. Il convient que vous travailliez plus sérieusement. — 4. Il est plus facile de promettre que de tenir. — 5. Il semble que vous n'êtes pas d'accord. — 6. Il tonnait hier soir. — 7. Il résulte de ce rapport que vous vous êtes trompé. — 8. Il paraît que vous n'êtes pas attentif en classe. — 9. Il serait surprenant que vous ne réussissiez pas. — 10. Il suffira de vous présenter pour obtenir cet emploi. — 11. Il faut vous accoutumer à supporter l'intempérie de ce climat.

VINGT-ET-UNIÈME LEÇON.

DE LA PRÉPOSITION.

PREMIÈRE PARTIE.

NOTIONS THÉORIQUES.

1. Pour marquer le rapport qui existe entre les mots, on se sert d'un mot invariable qu'on appelle préposition.

2. Les prépositions les plus usitées sont *à*, *de*, *par*, *pour*.

3. On trouve ces prépositions dans les expressions suivantes : salle *à* manger, couteau *de* table, tenir *pour* certain, aller *par* monts et *par* vaux.

4. Il y a des mots qui s'emploient quelquefois comme prépositions, tels sont les mots *vu*, *excepté*, *supposé*, *sauf*, *attendre*.

5. On appelle *locutions prépositives* certaines expressions, telles que : *à cause*, *près de*, *vis-à-vis de*, etc., qui jouent dans le discours le même rôle que les prépositions proprement dites.

TABLEAU DES PRINCIPALES PRÉPOSITIONS.

Prépositions essentielles.		
A *Paul.*	Devers *moi.*	Pendant *l'orage.*
Après *le déluge.*	En *chantant.*	Pour *travailler.*
Avant *la nuit.*	Entre *ciel et terre.*	Près *du château.*
Avec *mon père.*	Envers *le prochain.*	Sans *peur.*
Chez *mon oncle.*	Hormis *mon livre.*	Selon *Saint Luc.*
Contre *le mur.*	Hors *la loi.*	Sous *les cieux.*
Dans *la mer.*	Malgré *lui.*	Sur *le toit.*
De *Paris.*	Nonobstant *cela.*	Vers *le nord.*
Depuis *Pâques.*	Outre *mer.*	Vis-à-vis *du pont.*
Derrière *l'église.*	Parmi *les hommes.*	Voici *du feu.*
Dès *ce soir.*	Par *mer.*	Voilà *de l'eau.*
Mots pris accidentellement comme prépositions.		
Attenant.	Excepté.	Suivant.
Attendu.	Moyennant.	Supposé.
Concernant.	Proche.	Touchant.
Durant.	Sauf.	Vu.

Locutions prépositives.		
A côté de.	Au devant de.	Par delà.
A cause de.	Auprès de.	Par dessus.
A l'égard de.	Autour de.	Près de.
A l'exception de.	Au travers de.	Proche de.
A travers de.	Avant de.	Quant à.
Au-delà de.	En deçà de.	Vis-à-vis de.
Au-dessous de.	Jusqu'à.	Y compris.
Au-dessus de.	Loin de.	Non compris.

VINGT-ET-UNIÈME LEÇON.

DEUXIÈME PARTIE.

APPLICATIONS.

EXERCICE UNIQUE.

Rechercher dans les phrases ci-dessous les prépositions qui s'y trouvent.

1. Mettez du sel dans votre potage. — 2. Irez-vous cette année à Paris ? — 3. Venez me voir pour régler votre compte. — 4. Vous trouverez un dictionnaire sur ma table. — 5. Cette caisse m'a été adressée de Lyon. — 6. Les fleuves se dirigent vers la mer. — 7. Votre frère s'est comporté fort mal à l'égard de son chef. — 8. Je travaille tous les soirs jusqu'à minuit. — 9. Les habitants sont allés au devant de l'Empereur. — 10. Le chemin de fer passera près de votre propriété. — 11. Tous nos frères sont soldats, excepté l'aîné. — 12. Chacun de nous sera jugé après sa mort selon ses œuvres. — 13. Je pense porter ce fardeau sans me trop fatiguer. — 14. Il y a un calvaire vis-à-vis de l'église. — 15. On n'arrive guère à la fortune sans se donner de mal. — 16. Bayard était appelé le chevalier sans peur et sans reproche.

VINGT-DEUXIÈME LEÇON.

DE L'ADVERBE.

PREMIÈRE PARTIE.

NOTIONS THÉORIQUES.

1. Il existe une classe de mots qui jouent, par rapport aux verbes, le même rôle que les adjectifs par rapport aux noms. Ces mots sont appelés *adverbes*.

2. Dans cette phrase : *Cet enfant est sage*, le mot sage ajoute à l'idée qu'exprime le nom commun enfant, l'idée de sagesse ; mais si je dis : *Cet enfant agit sagement*, l'idée de sagesse qu'éveille l'*adverbe* sagement se rapporte au verbe *agit*.

3. L'adverbe peut aussi se rapporter à un adjectif pour en modifier la signification.

4. Dans les phrases suivantes, les adverbes *très*, *assez*, modifient les adjectifs placés après.
Ce livre est *très*-instructif; votre café est *assez* sucré.

5. Il y a aussi des adverbes qui peuvent modifier la signification des autres adverbes.

6. Dans les phrases suivantes : il parle *trop* vite, cette lettre est *très*-bien écrite, les adverbes *trop* et *très* modifient les adverbes *vite* et *bien*, placés après.

7. On appelle *locutions adverbiales* un assemblage de mots qui tient lieu d'un adverbe; telles sont les expressions *sur-le-champ*, *sans cesse*, *petit à petit*, etc.

8. Voici la liste des adverbes et des locutions adverbiales les plus usités :

Nota. — On fera lire ce tableau plusieurs fois avant de passer plus loin. Chaque élève lira une colonne.

TABLEAU DES ADVERBES.

Adverbes essentiels.

Ailleurs.	Dehors.	Là.	Pourtant.
Ainsi.	Déjà.	Loin.	Près.
Alentour.	Demain.	Longtemps.	Presque.
Alors.	Derrière.	Lors.	Puis (ensuite).
Assez.	Désormais.	Maintenant.	Quand.
Aujourd'hui.	Dessous.	Mal.	Quasi.
Auparavant.	Dessus.	Même.	Que (combien).
Aussi.	Devant.	Mieux.	Quelquefois.
Aussitôt.	Dorénavant.	Moins.	Sciemment.
Autant.	Encore.	Naguère.	Si.
Autrefois.	Enfin.	Ne.	Soudain.
Autrement.	Ensemble.	Néanmoins.	Souvent.
Beaucoup.	Ensuite.	Non.	Surtout.
Bien.	Environ.	Notamment.	Tant.
Bientôt.	Exprès.	Nuitamment.	Tantôt.
Çà.	Fort.	Nullement.	Tard.
Certes.	Gratis.	Où.	Tôt.
Céans.	Guère.	Parfois.	Toujours.
Cependant.	Hier.	Partout.	Toutefois.
Ci.	Ici.	Pas.	Très.
Combien.	Incessamment.	Peu.	Trop.
Comme.	Jadis.	Pis.	Vite.
Comment.	Jamais.	Plus.	Volontiers.
Davantage.	Jusque.	Plutôt.	Y (là).
Dedans.	Incognito.		

Locutions adverbiales.

A jamais.	Ci-contre.	D'ordinaire.	Par hasard.
A la fois.	Ci-inclus.	Dorénavant.	Pêle-mêle.
A l'envi.	Ci-joint.	D'où.	Peut-être.
A part.	D'accord.	Du moins.	Plus tôt.
Après demain.	D'ailleurs.	Du reste.	Quelque part.
A présent.	De là.	En avant.	Sans doute.
A regret.	De çà.	En sus.	Tôt ou tard.
Au moins.	De même.	Jusque là.	Tour à tour.
Au reste.	De plus.	Là dedans.	Tout de suite.
Avant hier.	De suite.	Ne... pas, point.	Tête-à-tête.
Çà et là.	Dès lors.	Ni plus ni moins	Tout à fait.
Ci-après.	D'ici.	Nulle part.	Une fois.

VINGT-DEUXIÈME LEÇON.

DEUXIÈME PARTIE.

APPLICATIONS.

PREMIER EXERCICE.

Indiquer quels sont les adverbes qui se trouvent dans les phrases suivantes :

1. La France s'appelait autrefois La Gaule. — 2. Je reviendrai tout-à-l'heure. — 3. Tôt ou tard le crime est puni. — 4. Il est plus sage de tenir que de courir. — 5. Ce verre est si chaud qu'on ne peut le tenir à la main. — 6. Trop parler nuit. — 7. Cette méthode est facile, celle-ci l'est davantage. — 8. Petit à petit l'oiseau fait son nid. — 9. Dépêche-toi lentement. — 10. Le fer est plus utile que l'or et l'argent. — 11. Après la pluie vient le beau temps. — 12. La terre n'est pas tout-à-fait ronde. — 13. Le général Bonaparte s'empara de l'île de Malte sans éprouver de résistance. — 14. Ne dis pas : Fontaine, je ne boirai point de ton eau. — 15. Autant d'hommes, autant d'opinions.

DEUXIÈME EXERCICE.

1. Cet élève se fait punir fréquemment. — 2. Il faut user modérément des meilleures choses. — 3. Il faut travailler obstinément pour obtenir le premier prix. — 4. Ecoutez attentivement les conseils de vos parents. — 5. Le maître punit sévèrement les enfants malpropres et négligents. — 6. Cet accusé a suffisamment prouvé son innocence. — 7. Dieu est infiniment bon. — 8. La grammaire est l'art de parler et d'écrire correctement. — 9. Il convient que les élèves viennent assidûment à l'école. — 10. Ce prédicateur s'exprime éloquemment. — 11. Bayard fut blessé mortellement à la bataille de Marignan. — 12. Les paresseux et les dissipateurs meurent misérablement. — 13. Cet édifice est solidement construit. — 14. Répondez promptement aux questions que je vais vous dire. — 15. Agissez charitablement à l'égard des malheureux.

VINGT-TROISIÈME LEÇON.

DE LA CONJONCTION.

PREMIÈRE PARTIE.

NOTIONS THÉORIQUES.

1. Pour joindre ensemble deux propositions, on se sert de certains mots invariables, tels que, *et, mais*, *car*, *quand*, qu'on appelle *conjonctions.*

2. Dans les phrases suivantes : *La lune est une planète* et *Sirius est une étoile*; *la patience est amère*, *mais les fruits en sont doux*, les conjonctions ET, MAIS, servent à unir chacune la première partie d'une phrase à la seconde.

3. On appelle *locutions conjonctives* tout assemblage de mots qu'on peut remplacer par une *conjonction* proprement dite.

4. Dans cette phrase, la locution *afin que* est une *locution conjonctive* : *Conduisez-vous bien* afin que *vous méritiez l'estime des honnêtes gens.*

5. Voici le tableau des conjonctions et des locutions conjonctives les plus usitées :

TABLEAU DES CONJONCTIONS.

Conjonctions essentielles.		
Car. Comment. Dans. Et. Mais. Ni.	Or. Ou. Partant. Pourquoi. Puis. Quand.	Si. Sinon. Que. Lorsque. Puisque. Quoique.
Locutions conjonctives.		
Au reste. Du reste. Au moins. Du moins.	Au surplus. Ou bien. Par conséquent. Au contraire.	Ainsi que. Sans que. Pour que. Vu que, etc.

VINGT-TROISIÈME LEÇON.

DEUXIÈME PARTIE.

APPLICATIONS.

Rechercher dans les phrases ci-dessous les conjonctions qui s'y trouvent.

1. Méfiez-vous des menteurs, car ils n'ont ni foi ni loi. — 2. Ne vous découragez pas, si vous ne réussissez pas du premier coup. — 3. On est content lorsqu'on a fait son devoir. — 4. N'éprouvez pas vos amis, si vous voulez les conserver. — 5. Lisez d'abord votre leçon attentivement, puis vous l'apprendrez par cœur. — 6. Le vin relève les forces, mais il faut en faire un usage modéré. — 7. Travaillez pendant que vous êtes jeunes, parce que vous n'en aurez plus le temps plus tard. — 8. Tenez-vous tranquilles en classe, sinon le maître informera vos parents de votre dissipation. — 9. Ni l'or ni la grandeur ne nous rendent heureux. — 10. Il convient que les enfants obéissent quand leurs parents ou leurs supérieurs leur commandent quelque chose. — 11. Votre frère ou votre sœur répondra pour vous. — 12. Quand vous avez tort, sachez du moins en convenir. — 13. Je pense, donc je suis. — 14. Vous êtes inexcusable, puisque vous avez mal fait avec connaissance de cause. — 15. Votre frère se trouve très-heureux quoiqu'il ne possède qu'une petite fortune.

VINGT-QUATRIÈME LEÇON.

DE L'INTERJECTION.

PREMIÈRE PARTIE.

NOTIONS THÉORIQUES.

La partie du discours qu'on appelle *interjection* comprend les cris ou exclamations qui expriment la joie, la surprise, l'impatience, etc.

TABLEAU DES INTERJECTIONS.

Interjections essentielles.				
Ah !	Eh !	Ho !	Oh !	Pouah !
Bah !	Fi !	Hem !	Ouais !	Pouf !
Bast !	Ha !	Hein !	Ouf !	Sus !
Bravo !	Hélas !	Hé !	Paf !	Vivat !
Chut.	Heu !	Motus !	Parbleu !	Zest !
Diantre !	Holà !	O !		

Locutions interjectives formées				
DE DEUX MOTS INVARIABLES.	D'UN SUBSTANTIF.	D'UN ADJECTIF.	D'UN VERBE.	D'UN SUBST. ET D'UN ADJECT.
Bah, bah !	Courage !	Alerte !	Allons !	Grand Dieu !
Ha ha !	Ciel !	Bon !	Gare !	Juste ciel !
Ho ho !	Dame !	Ferme !	Plaît-il ?	Malpeste !
Hi hi !	Dieu !		Tiens !	
Fi donc.	Halte !			
Hé bien !	Malheur !			
Hé quoi !	Miséricorde !			
Oui dà.	Paix !			
Or çà.	Peste !			

VINGT-QUATRIÈME LEÇON.

DEUXIÈME PARTIE.

APPLICATIONS.

Indiquer quelles sont les interjections qui se trouvent dans les phrases ci-dessous.

1. Oh! que le temps est précieux! — 2 Hélas! sans la santé, à quoi bon un royaume? — 5. Ouf! que je suis fatigué. — 4. Paix! voici l'orateur qui commence. — 5. Motus! autrement notre surprise sera éventée. — 6. Je ne suis pas riche, mais bast! j'ai de bons bras et bon courage.

7. Eh! bonjour, monsieur du Corbeau,
Que vous êtes gentil, que vous me semblez beau!

8. Chut! prêtez donc attention à cette lecture.— 9. O, mon fils, adorez Dieu et ne cherchez point à le connaître.

10. Hé bon jour! monsieur du Corbeau,
Que vous êtes gentil, que vous me semblez beau!

11. Oh! oh! dit le grillon, je ne suis plus fâché.

12. Vous chantiez, j'en suis fort aise,
Eh bien! dansez maintenant.

Fin de l'Introduction simplifiée à toutes les Grammaires françaises.

OUVRAGES CLASSIQUES DE M. [illegible]

Publiés par OBERTHUR, Imprimeur à Rennes.

Manuel des commençants, cartonné .... » fr. [illegible]
Manuel complémentaire, précédé d'une récapitulation des principes proprement dits, relié .... » 50
Tableaux synoptiques, la collection, au lieu de [illegible] fr. .... 1 »
Ces tableaux sont en parfaite concordance avec la nouvelle édition de la Méthode mnémonique accélératrice.
Tableaux complémentaires, la collection .... 1 »
Alphabet mural mnémonique .... » 50
Tableaux numériques, la collection de 2 tableaux .... » 50
Introduction simplifiée à toutes les grammaires françaises :
Partie de l'élève, cartonnée .... » 60
Partie du maître ou du moniteur, cartonnée 1 50
N. B. — Cet ouvrage, qui n'est pas une Grammaire, mais une Méthode grammaticale, vient d'être terminé à la satisfaction des nombreux souscripteurs. — Au moyen de cet ouvrage, les élèves les plus avancés peuvent remplacer le maître dans l'enseignement de la langue française, lorsqu'il lui est impossible de s'en occuper personnellement.
Guide des Mères institutrices, format grand in-8° 1 25

Autres Publications du même Editeur.

Principes de dessin (1re partie). — Exercices préparant à tous les genres, par une nouvelle Méthode, d'une efficacité certaine et d'une application facile, par A.-J. Caesson, professeur à l'Ecole d'artillerie et au Lycée de Rennes; ouvrage encouragé par plusieurs Inspecteurs généraux de l'Université.
Prix des planches d'exercices pour les élèves .... » 75
Prix du texte pour les professeurs .... » 75
Système métrique enseigné en cinq leçons, avec de nombreux Questionnaires et environ 200 Exercices d'application, par Beverdy (Paul), instituteur public, à Conques (Aude) .... » 50
Livret d'écolier servant à inscrire les notes relatives à la conduite, au travail et aux progrès de l'élève, par M. Vendôme, instituteur communal .... » 15
Loto musical, breveté s. g. d. g., par Mme Pilet-Comettant, jeu instructif, cartonnage illustré, pour étrennes .... 6 »
Dictionnaire officiel des Postes, Nomenclature de toutes les localités de l'Empire, avec supplément pour les départements annexés et pour l'Algérie; non franco, 15 fr.; franco 18 »
La 2e édition de cet ouvrage paraîtra en décembre prochain; remise de 2 fr. pour MM. les Instituteurs.
Tables de multiplication en papier bulle fort; le cent 1 50

www.ingramcontent.com/pod-product-compliance
Lightning Source LLC
Chambersburg PA
CBHW071800090426
42737CB00012B/1886
9782019565848